おとなの「ひとり休日」行動計画

首都圏日帰り版

カベルナリア吉田＝著

WAVE出版

まえがき　出かけなきゃ、もったいない！

斜め前に座っている男性が、うつむき加減で目を閉じて、腕組みをしている。ただし眠ってはいないようで、時おり薄目を開けては周囲をグルリと見て、また目を閉じる。60歳を少し過ぎたくらいだろうか。初老、と呼ぶにはまだ若い雰囲気だ。そしてどこか、所在なさげ。テーブルのカップには、コーヒーが半分ほど残っている。たぶん冷めてしまっていて、男性はもう口をつける様子もない。

最近は都内のどこにでもある、チェーンのコーヒーショップ。1杯200円前後でコーヒーを飲めるので、僕は原稿書きや待ち合わせに、よく利用する。コーヒーが目的で、わざわざ行くことはないけれど。そしてこの男性もたぶん、コーヒーを飲みに来たわけではないだろう。

あるいは巨大スーパーのフードコートで、そんな風にボーッとしている男性をよく見る。無料の水を紙コップに注いで、プラスチックの椅子に座り、やはり所在なさげ。またはデパートやスーパーマーケットの、トイレ入口に置かれたベンチに、ただ座っている人。図書館にいながら本を読まず、ボーッと過ごしている人も見る。どの皆さんも過ぎゆかない時間を、ひたすらつぶしているように見える。

もったいなくはないだろうか。何かの理由でぽっかり空いた時間、ぽっかり空いた1日を、そんな風に過ごしてしまって惜しくはないだろうか。

時間は無限ではない。ましてシニア世代なら、残された時間は限られている。せっかく自由に過ごせる時間があるのに、それを無駄にしてしまっていいのだろうか。

年齢を重ね、ある一定の年齢を過ぎたころから、男は「ひとりで過ごす」時間が増えていく。例えば子育てが一段落、職場でも重要な責務は後進に譲り、あるいは定年を迎えて退職して。そんな風にして、降って沸いたように突然与えられた「自由な時間」をどう過ごしていいかわからず、ただ無意味にボーッとしてしまってはいないだろうか。

ひとりで過ごす方法を知らない。かといって妻について回っても「ぬれ落ち葉」と揶揄されかねないし、無理に趣味を持とうとして蕎麦打ちなど始めても長続きしなかったり。そうして、ひとりで過ごす時間だけが、どんどんと増えていく。

自由な時間はある。だけど残された時間そのものが限られているとしたら、有意義に使わなければもったいない。例えば今日1日、ポッカリ時間が空いたら、どう過ごそうか。何も考えないままコーヒー1杯200円のカフェに行き、ただボーッと過ごしてしまって終わりなのか。

出かけよう。とりあえず。そして時間をもっと有意義に、粋に過ごそう。

時間はあるけど予算がない？　ご心配なく。東京及び近郊には、数百円の予算があれば楽しめる場所、あるいは楽しめる方法がたくさんある。何もしないでボーッとしていても仕方ない。何でもいいから出かけよう。

だが突然「なんでもいいから」と言われても、出かけグセがついていない人は戸惑うかもしれない。そこで本書では「思い立ったらすぐ出かけられる、東京近郊散策のテーマ」を20本用意してみた。さらにそのテーマに沿ってどこに行けばいいか、具体的な実例も、筆者の実踏ルポでご紹介。ただのスポット紹介に終わらず、そのテーマで歩いて何を感じるか、今後の人生にどのように生かせばいいか、そんな「生き方指南」めいたことも随時付け加えてみた。

東京は、奥深い。細かい街や名所がたくさんあり、それぞれがさまざまな歴史や意味を背負っていて、歩くほどに多彩な表情を感じる。掘り下げるほどにキリがなくて、実は東京は僕らの知らないことだらけ。でも1日かけてひとつの場所、ひとつのテーマをじっくり歩けば、今まで知らなかった東京の意外な顔が見えてくる。だから歩こう。

ただ時間が楽しく過ぎればいいだけではない。その行動の結果、昨日より一段階賢くなっていたり、知識や見聞が深まっていたりするのがいい。そんな有意義な時間を重ねて過ごすことで、以前より深みのある人物になれたら、こんなにいいことはない。

大げさに考える必要はない。本書で紹介する20の「行動計画」は予約の必要もなく、すぐ実行できるものばかり。縁あってこの本を手にした人は、今すぐ立ち上がって出かけよう。

朝起きたら、今日は時間がたっぷりあることに気づいた。そして、窓の外は晴れている。ポッカリ空いたおとなの「ひとり休日」を有効に過ごすか、それともボーッとして無駄に過ごすかはあなた次第だ。さあ出かけよう。外に出よう。今すぐに！

［装丁／本文デザイン］
遠藤陽一（デザインワークショップジン）

［本文写真提供］
公益財団法人三鷹市スポーツと文化財団（山本有三記念館）
公益財団法人新宿未来創造財団・新宿歴史博物館（新宿西口反戦フォーク集会）
著者（上記以外すべて）

おとなの「ひとり休日」行動計画◉もくじ

行動計画 No.1
ぶらり途中下車&乗りつぶし日帰りローカル線の旅 15
都会の隙間に残る東京の旅情を実感し、心にゆとりを与える
実例 都電荒川線

行動計画 No.2
路線バスで思いっきり遠くに行ってみる 23
東京の「究極の周縁」を回り、見聞の裾野を広げる
実例 奥多摩駅発鴨沢西行、峰谷行、小菅行（西東京バス）

行動計画 No.3
東京の終着駅でわざわざ降りてみる 33
途切れた路線に人生を重ね合わせ、さいはてのロマンに浸る
実例 西馬込駅（都営地下鉄浅草線）

行動計画 No.4
歴史を偲び、まぼろしの廃線跡を歩く 41
鉄路の残影に目を凝らし、
歴史に介在した思惑を読み取る
実例 中島飛行機武蔵製作所・引き込み線跡（三鷹市、武蔵野市）

行動計画 No.5
東京23区内で山登りを体験する 49
東京の原風景を全身で感じ、
小さな達成感も得る
実例 箱根山（新宿区）、愛宕山（港区）

行動計画 No.6
人工で造られた、東京の水辺・運河を回る 59
江戸の水路の歴史を知り
「水都・東京」を堪能する
実例 小名木川周辺

行動計画 No.7
大名庭園に過ぎ去りし人々の面影を追う
美しさを愛でつつ、大名の苦労を想像する
実例―六義園（文京区）
67

行動計画 No.8
大実業家・財閥の栄華を偲ぶ
時代を切り拓いた財界人の偉業を、目で見て感受する
実例―旧古河庭園（北区）
75

行動計画 No.9
文化人、巨匠の邸宅を訪ねる
作家の残像を感じ取り、作品に重ね合わせる
実例―山本有三記念館（三鷹市）
83

行動計画 No.10
文豪を気取って、小エロ文学散歩 91
おとなの粋と色気を忘れない
実例――『濹東綺譚』の舞台・墨田区東向島（旧玉の井）

行動計画 No.11
大江戸の事件現場を見に行く 99
歴史的事件の現場を知ることで、江戸時代を読み解く
実例――小伝馬町牢屋敷跡（中央区）、小塚原刑場跡（荒川区）、鈴ケ森刑場跡（品川区）

行動計画 No.12
ミステリーの舞台に立って、真相に迫る 109
事件の「闇」に思いをはせ、昭和の「謎」を探る
実例――三億円事件の現場（府中市）

行動計画 No.13
昭和の大戦争の記憶をたどる 117
東京の戦争被害を正しく知り、次世代に伝える
実例—言問橋ほか

行動計画 No.14
怪奇心霊スポットに迷い込む 125
興味本位ではなく、恐怖の背景にある史実を正しく知る
実例—東池袋中央公園（豊島区）

行動計画 No.15
70年代フォークソングの名所をさまよう 133
歌詞の場面に記憶を重ね、若々しい気持ちを呼び戻す
実例—神田川周辺

行動計画

No. 1

ぶらり途中下車＆乗りつぶし日帰りローカル線の旅

都会の隙間に残る東京の旅情を実感し、心にゆとりを与える

実例	都電荒川線
予算	★★

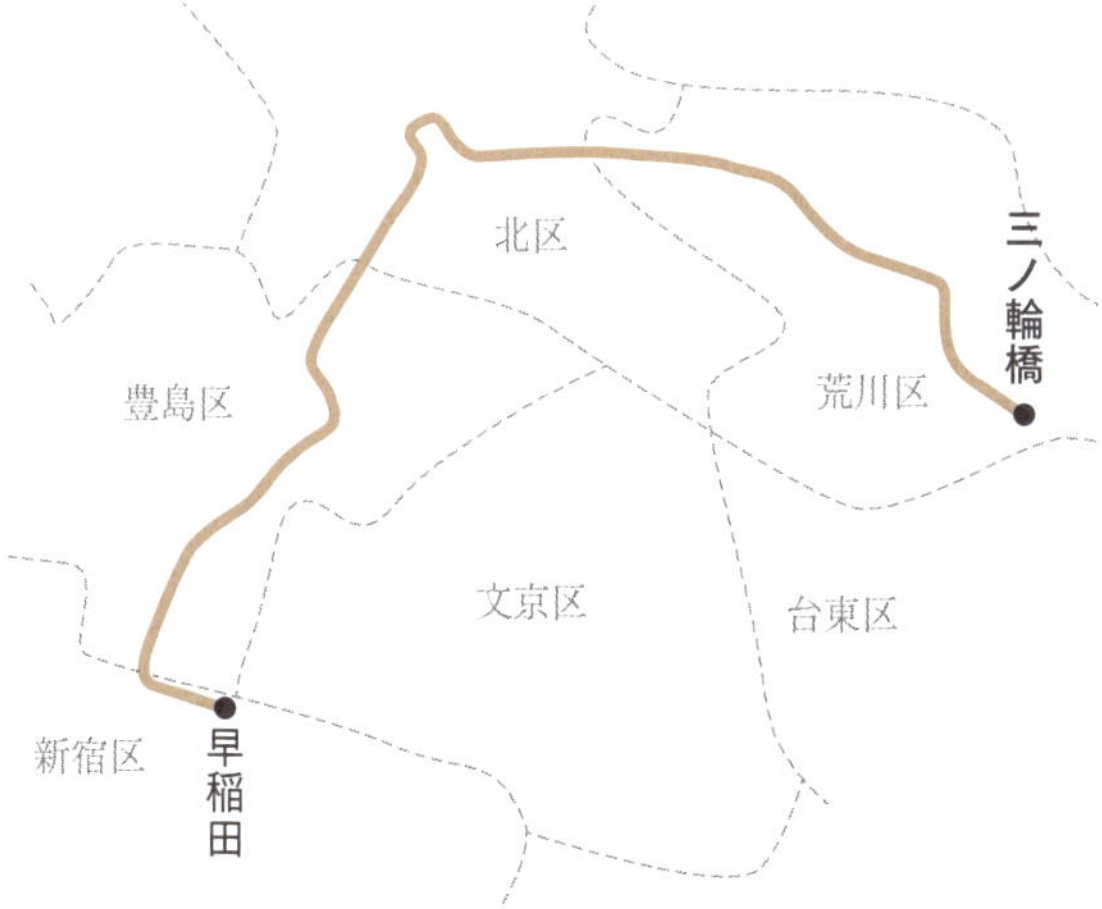

生き残って半世紀

車が途切れず往来する明治通りを、南千住方面に向かって歩く。車、車。道沿いにビルが連なり、人はみな足早に歩いていく。それは大都会・東京では珍しくない風景。だが。

狭い横丁に入った途端、景色は一変した。雨風に色あせた木造の小さな店が、何軒もひしめき合っている。板塀のトンカツ屋、庇が破れた写真屋。突き当たりにはアーケード街。錆びついたゲートに「JOYFUL minowa」の文字。

チンチン……鐘の音に振り向いた先に、小さな駅のホーム。**都電荒川線**「三ノ輪橋」駅。ガタンゴトンと懐かしい音を響かせ、1両編成の電車が、ゆっくりと出発していく。

「東京で電車に乗る」というと、朝夕の通勤ラッシュが思い浮かぶかもしれない。あるいは2、3分おきにやってくる地下鉄か。とにかく混雑していて、乗客はみな無表情でスマホに没頭して……そこに「旅情」のイメージをもつ人は、たぶん少ない。

だが、東京近郊にも実はローカル線の風情漂う鉄道が、何本か通っている。例えば、川崎と横浜の工場街を結ぶ**JR鶴見線**。本線でも3両編成と短く、日中は1時間に3本ペース。車窓を流れる色あせた工場街を見ていると、遥か遠くへ来たような、枯れた旅情が湧き上がる。ほかに短小路線を2両列車が走る**流鉄流山線**、**東武亀戸線**など、ローカル風情に満ちた路線は意外と多い。

中でも都心に近く、比較的路線が長くて「旅」をたっぷり楽しめるのが、都電荒川線だろう。

「三ノ輪橋」から「早稲田」まで全30駅、12・2キロを結ぶ、東京に残った唯一の都電である。

明治後期から昭和にかけ、東京には最大41路線もの都電が走っていたが、戦後に自動車が浸透すると次々に廃止された。しかし三ノ輪橋と赤羽を結ぶ「27系統」と、早稲田と荒川車庫前を結ぶ「32系統」は最後まで残った。結局27系統の王子駅前〜赤羽間を廃止し、32系統と合体一本化することで存続決定、路線名は「都電荒川線」と改称された。

それから間もなく半世紀、都電荒川線は今日もノンビリと走り続けている。

途中下車は「定番」を外して

「本日は東京さくらトラムにご乗車いただき、ありがとうございます」

ホームの電光掲示板に文字が流れるが……さくらトラム？　最近は東武伊勢崎線が東武スカイツリーラインになるなど、路線名の無理な変更が多いが、都電は都電だ。

と思ったら「トラム」としか言いようのない電車が、ホームに滑り込んだ。鮮やかな蛍光ブルーの、継ぎ目のないスマートで直線的な車体。今どきの都電はこんな感じなのか。

それでも乗り込むと、車内の広告が「都電感」に満ちていてホッとする。「都電もなか」に始まり「巣鴨ほくろ・できものクリニック」「どぜう・なまず・くじらの店」などなど。「ニュータッチとんかつ　宮ノ前駅前」とあるが、それはどんなトンカツなのか。

チンチン。鐘を鳴らし、電車は動き出した。木造住宅がひしめく風景が、車窓を流れていく。

「荒川一中前」「荒川区役所前」と駅を通過し、緑が茂る「荒川二丁目」駅を経由して、スナック「マスカット」看板前スレスレを通過して「荒川七丁目」駅へ。

さて、このまま終点に着いてしまっては、旅が終わってしまう。せっかく丸1日ポッカリ空いた、おとなのひとり休日。気ままに途中下車しながら進んでみよう。

「町屋駅前」駅に着くと景色が開け、人も店も多くにぎわっている。降りてみようか——。いや、降りるならここではなく、もっと都電ならではの駅で降りよう。荒川線の定番下車駅といえば、町屋のほかに「大塚駅前」駅、「王子駅前」駅、「都電もなか」を買える「梶原」駅あたり。でも人が多い「定番」を避けるのが、ひとり休日を楽しむコツ。あえて地味な駅で降り、自分ならではの散策コースを組み立てるのが、おとなの休日にはふさわしい。

「次は〜東尾久三丁目〜」

そんな駅あったか？　思わず降車ボタンを押し、降りてみた。

自分ならではの発見を楽しむ

狙いすぎたか。駅周辺は、なんの変哲もない中規模マンションが立ち並ぶだけ。とりあえず早稲田方面に歩いてみる。前方からご老人が、トボトボと歩いてくる。

「こんにちは！」

え？　大きな声であいさつされ、慌てて「こ、こんにちは」と返した。東京の街角で、見知ら

宮ノ前駅を出発する「レトロ車両」。トラム型の車両も増え、都電もオシャレになった

ぬ人にあいさつされるとは。それだけのことだったが、足取りが軽くなる。

「宮ノ前」駅前で「幸せふくらむ宮前商店会」の看板が目に留まる。本当にふくらむのか？　迷い込んでみよう。

昭和の香り漂う喫茶店の窓に、演歌歌手「千葉一夫」さんのポスターが何枚も貼ってある。「今話題の新曲」「有線その他リクエストを！」の貼り紙も。有名なのか、千葉さん。

と思ったら隣のスナックの壁も千葉さんだらけ。千葉さんはオリコン演歌チャートで1位になったこともある人気者なのだ。そしてその先に「ニュータッチとんかつ」の店が！

――不思議なトンカツだった。近くに年季の入った珈琲店を発見、一服していこう。

アイスコーヒーを頼むと「ブラック？」「タバコ吸う？」と気さくなマスター。さっきのご老人に続き、初対面なのに話しかけられるのが、不思議と心地よい。幸せふくらむ宮前商店会、確かに小さな幸福感がふくらみ、なかなかよかった。

チンチン。再び電車に乗り「荒川遊園地前」駅で降りた。駅横に延びる小道を進むと、小さな観覧車がゆっくり回っている。あらかわ遊園の開園は大正11（1922）年5月、齢100年に迫る老舗だ。最近はDランドほか巨大テーマパークが人気だが、やはり下町にはこんな小さくて、素朴な遊園地がよく似合う。

「↑水上バス乗り場」表示を見つけ、緑茂る小道を抜けると隅田川河川敷に出た。水上バスは来ないけど、快晴で雲ひとつない青空。川に架かる緑アーチの小台橋を都バスが走り、自転車の女子学生が渡っていく。川面を伝う爽やかな風が、頬をなでる。

きれいだな、東京も。

カンカン。遠く都電の、踏切の音が聞こえる。

「制覇」と「第二章」を楽しむのがおとなの流儀

再び乗車。「滝野川一丁目」駅、「西ヶ原四丁目」駅あたりは路地裏の雰囲気で、民家の庇をスレスレでかわしながら、電車は進んでいく。よくこんな狭い所を走るものだ。

――ああ、ローカル線だ。ふとそう感じた。東京の真ん中にいるのが嘘みたいだ。

「ローカル」の風情を感じるポイントはさまざまで、それは古民家ひしめく路地裏の風景かもしれない。あるいは道ばたで、見知らぬ人が気さくに声をかけてくれる瞬間かもしれない。そして青空、爽やかな風……ビルの林の向こうで、喧騒から離れた街角で、さりげなく出合う素顔の東京。東京のローカル線は、そんな東京の隙間へ、僕ら乗客を連れていってくれる。

分刻みの時間に追われ、ストレスに覆われて日々を過ごしていると、そうした東京の原風景が心に染みて止まない。慌ただしい日常に疲れたら「東京のローカル線」に乗って、旅情を探しに出かけてみてはどうだろうか。

このあと「庚申塚」駅と「鬼子母神前」駅でも降りて、終点の「早稲田」駅に向かった。「鬼子母神前」で降りたら鬼子母神参拝もいいが、定番を外すなら10分ほど歩き「弦巻通り商店街」に足を延ばそう。「なぜここに?」という場所にある商店街で、昭和の香り漂うパン屋や銭湯がありいい雰囲気。半世紀以上頑張る寿司屋で、一献傾けるのも悪くない。

「早稲田」駅に着くとあたりは暗くなっていた。そして全30駅を乗りつぶし、ささやかな達成感がこみあげる。この「制覇の楽しみ」もまた、ローカル線乗りつぶしの醍醐味だ。

そして「三ノ輪橋」駅を出発したのが昨日のことのよう。「旅をした」実感が、しみじみと湧いた。予約も手配もいらない、ローカル線の旅。思いつくまま気軽に、楽しんでみよう。

さてゴールに到達したが、旅はこれで終わりじゃない。弦巻通りの寿司屋の明かりを目指し、おとなのローカル線の旅は、ここから第二章。折り返しの三ノ輪橋行電車に乗ると、再び「チンチン」と音が響いた。

推奨する本計画の類例

【東急世田谷線】

都電荒川線と同じく、都内に残る貴重な路面電車で、三軒茶屋から下高井戸まで全10駅全長5kmを結んでいる。その発祥は明治40（1907）年に開通した砂利運搬列車「玉川電気鉄道」に遡り、当時は「玉電」の愛称で親しまれた。沿線は高級住宅街で、旅情は薄いと思われがちだが、降りてみるとなかなか面白い。「松陰神社前」駅前には駅名の通り、吉田松陰ゆかりの松陰神社があるほか、「宮の坂」駅に近い世田谷城阯公園で歴史散策もおすすめ。「世田谷」駅と「上町」駅に近いボロ市通りでは、年末年始に400年超の歴史があるボロ市が立ち、大勢の人でにぎわう。ほか各駅前で店を開く、個性的なカフェやビストロを訪ね歩くのも楽しいだろう。

【JR鶴見線】

前身は大正15（1926）年開業の鶴見臨港鉄道で、京浜工業地帯の発展と並行して生まれた路線。今も沿線には工場が建ち、そこで働く人たちを運び続けている。鶴見駅を起点とする本線のほか2支線（海芝浦支線、大川支線）が分かれるE字形のユニークな路線で、ホームから運河を一望する「海芝浦」駅は鉄道ファン人気が高い。また浅野セメント創業者・浅野総一郎氏にちなんで「浅野」駅、安田財閥の安田善次郎氏から2文字とって「安善」駅など、路線開通に尽力した実業家の名前を駅名にしているのも面白い。薄暗い高架下の、昭和5（1930）年の開業時の姿を残す「国道」駅も途中下車の価値あり。日本の近代工業の発祥を学びつつ、制覇したい路線である。

行動計画

No.2

路線バスで思いっきり遠くに行ってみる

東京の「究極の周縁」を回り、見聞の裾野を広げる

実例	奥多摩駅発鴨沢西行、峰谷行、小菅行（西東京バス）
予算	★★★

鉄道が途切れた先の、まだ見ぬ東京へ

東京駅から「青梅特快」で青梅駅へ1時間15分、電車を乗り換えてJR青梅線でさらに35分、ほぼ2時間かけてようやく**奥多摩駅**に着いた。駅前に降り立つと、山が連なる雄大な景色に息を呑む。冷気が頬をなで、空を見上げれば鳥の群れ。ああ、東京の端まで来たな——。

と感慨にふけるのはまだ早い。駅前のバスステーションには、バスがズラリ。ここからさらに西の奥へ路線バスが走り、旅人を東京の奥の奥へと連れていってくれるのだ。

朝8時台の奥多摩駅前は、平日でも大勢の人でにぎわっている。その大半が登山装備の中高年。もちろん一緒に山歩きを楽しんでもいいが、せっかくのおとなの「ひとり休日」だから、できれば集団に埋もれるのは避けたい。あえて山は歩かず、バスで旅をする。それも目的地は定めず、気ままなぶらり途中下車を楽しんでみよう。

「鴨沢西」行という、聞きなれない行先のバスに乗った。バスは西へと進み「病院前」停留所を過ぎると住宅が途切れ、車窓に緑が茂り出す。最初は高齢のご婦人が数人乗っていたが、全員「病院前」で降りてしまった。気がつけば車内には自分ひとり。

バスが坂を上り続ける。窓の外をふと見ると、眼下遥かにさっき出発したばかりの駅前風景が見える。このバスは山を上っている。自分はどこへ連れていかれるのか。

やがて車窓に奥多摩湖が広がりだし、そしてアナウンス。

奥多摩駅前の西東京バスサービスステーション。背後に山が連なる

「次は〜熱海〜熱海〜」。熱海？　そしてバスは「熱海」バス停前を走り抜けた。奥多摩湖が海のように見えなくもないが、なぜ熱海なのか。バスは進んでいく。

「次は女の湯〜女の湯〜」

おんなのゆ？　ではなく「めのゆ」。「熱海」に続き不思議な地名だ。美女が迎えてくれる湯処？　地名につられ反射的に降車ボタンを押した。

おおっ、本当に美女が！　……いるわけないが、停留所のそばには温泉の源泉が湧いている。眺めていると軽トラックが来て、作業服姿の男性が降り立ち、ポリタンクに源泉を汲み始めた。沸かして入浴に使うほか、そのまま飲むこともあるそうだ。

「女の湯」「熱海」の地名について聞いてみると「由来？　知らねーよ。誰か面白がってつけたんじゃねーの？」「この辺は古い土地じゃないからね」とのこと。

ここで次のバス**「峰谷」行**が来たので乗る。３つ先の「峰谷橋」停留所で、路線は北に向かう「峰谷」行と、西に向かう「丹波（たば）」行、「小菅」行に分かれる。丹波は山梨県の丹波山村、小菅もやはり山梨県の小菅村。路線は県境を越えて、山梨県へと続いているのだ。

というわけで「峰谷」行バスに揺られ、山梨方面行きと分かれ一路北へ。「学校前」バス停を過ぎて次は……「雲風呂」って？　さらに「雨降り」「下り」と不思議な名前のバス停が続く。山奥だけに、狐につままれた気持ちになる。

乗客は自分ひとりで、途中で誰かが乗ることもなく終点の峰谷に着いた。人家はあるものの大きな山が迫り、圧倒される。ここもまた東京、そして暮らす人がいるのだ。

「折り返しのバスに乗りますか？　1日3本だけだから、次はなかなか来ないですよ」

運転手氏はそう言ってくれたが、これで乗って戻っては呆気ない。「下り」「雨降り」も気になるし、分岐点の峰谷橋まで3キロほどだというので、歩いて戻ることにした。

下り坂を下り続け「下り」バス停に着く。確かに今来た方向から来れば「下り」だが、逆方向なら「上り」だ。どちらが起点なのか。誰かに聞こうにも道行く人はいない。

さらに下り続け「雨降り」バス停前へ。売店があり、店の奥さんに「雨降り」の由来を聞くと、慣れた調子でスラスラと話し始めた。よく聞かれるらしい。

「ふたつの説があるのよ」と奥さんは話し出した。山の中の「雨降り滝」に、雨乞いのための旗を浸したら、本当に雨が降ったから。または和尚さんが、さらに下にある「雲風呂」の前を通ったら雲が出てきて、このあたりに雨が降ったから。「言い伝えだけどね」と付け足して、奥さんはケラケラと笑った。ちなみに「雨降り」は古い集落で、平家の落武者が拓いたという説も残っているそうだ。

そして出発時には曇っていたのが晴れた。「雨降り」なのに快晴とは、これいかに。

「雨降り」バス停。周辺は小集落

さらに下って「雲風呂」へ。かなり標高が高いようだが、雲が出ると風呂の湯のように広がるのだろうか。

そのまま坂を下り峰谷橋に戻ると、**「小菅」行**のバスが来たので乗った。

珍名バス停は続くよ、どこまでも

さらに西へ。途中の「深山橋」で路線は「丹波」行と分かれ、「庄の指」バス停を過ぎるとついに山梨県。県境を越えて最初のバス停は、これまた珍名の「金風呂（かなぶろ）」。

周辺に旅館が立ち「入浴できます」の貼り紙も。ただし浴槽が金というわけではないらしい。バス停にいたご婦人に「金風呂」の由来を聞いたが「さあどうでしょう」とのこと。どうも奥多摩界隈の珍地名について、地元の人も発祥を知らずに暮らしているらしい。

その名とは裏腹に「お祭」バス停周辺は、静寂に包まれていた

さらに深山橋から丹波に向かう途中には「お祭」バス停も。祭りのようににぎやか？　と思ったらバス停前に山荘が一軒立つだけで、周囲は息を呑むような渓谷が広がるのみ。

そしてこの日は秋の初めだったが、午後4時を前にして太陽が山の向こうに隠れ、早々と暗くなり始める。心細くなったところで「奥多摩駅」行のバスが来て、乗って戻った。

駅に戻ると日帰りハイカーで大混雑。人気《ひとけ》のない珍名バス停をめぐったあとだけに、奥多摩も駅前は都会だなあと、しみじみ感じた。

バスだからこそ行ける「東京」がある

全国でも東京ほど、鉄道網が微細に張り巡らされている場所はないだろう。鉄道駅の数は600以上もあり（北海道より多い！）、とにかく隅々まで鉄道が通っている。

だがそれでも鉄道が届かず、旅客の足をバスに頼っている場所が、都内には少しだけある。鉄道銀座・東京で、それでも鉄道がカバーしきれないエリアはまさに穴場中の穴場、「究極の周縁」といっていいだろう。

「東京の果ての果て」ともいえるその場所に、それでも人が暮らし、街や集落がある。そんな場所にバスで出かけてみれば、東京の意外な広さを実感し、奥深さに驚かされるに違いない。

狭いようで広い東京、その多様性を楽しむ手段のひとつとして、路線バスの旅を推奨したい。それも鉄道不毛の場所を走る路線がおすすめだ。特に実例で紹介した奥多摩エリアを含め、立川・八王子以西をカバーする西東京バスは秘境路線の宝庫。奥多摩以外では、JR五日市線武蔵五日市駅を起点とする路線も秘境行が多く、檜原村の各方面行や「つるつる温泉」行などバラエティも豊かだ。路線図を眺めているだけで、まだ見ぬ東京に出かけてみたい好奇心を、くすぐられることだろう。

西東京バスの発祥は、大正期から昭和にかけて発足した五王自動車、高尾自動車、奥多摩振興の3社に遡る。戦前の昔から、東京の秘境中の秘境で旅客を運び続け、戦後に合併して西東京バスとなった。そうした歴史を知ってから、奥多摩や五日市発着の路線に乗ると、よくも戦前にここをバスが走ったものだと驚く。山を切り拓き、道を敷いてバスを走らせた先人の努力に、感服せずにいられない。バスの旅を楽しんでみようと思う人は、乗車前に路線の歴史を軽く勉強しておくだけで(WEBでちょっと見るだけで十分)、旅に深みが加わることも覚えておこう。

さて奥多摩エリアはほかに、日原(にっぱら)鍾乳洞へ向かう路線も面白い。この路線はバスが通る道の幅が狭く、対向車とのスレ違いは途中の待避スペースを利用して行う。だがタイミングを誤るとかち合って、双方立ち往生にもなりかねない。

そのため運転手のほかに車掌が乗り、対向車をいち早く見つけて早めの待避を運転手に促す。今や珍しい車掌の乗車風景は一見の価値あり。またこの路線も奥多摩名物(?)珍名バス停に事欠かず、途中に「不老」という名のバス停がある。周辺は森がうっそうと茂り、降りると森林浴で若返るかも。さらにその先の「川乗橋」から「桜平」に至る車窓の渓谷美は圧巻で、東京都にい

日原鍾乳洞周辺は、確かに今にも熊が出そう?

ることを完全に忘れるに違いない。

　途中下車も含めていろいろ楽しみながら、終点の日原鍾乳洞へ。沿線は盛りだくさんだ。

　ちなみに鍾乳洞手前の日原集落では「ツキノワグマ目撃情報」が貼られていて驚いた。東京にも熊が出る街があり、そこまでバスで行ける。東京は本当に広いのである。

　秘境、知らない街、ユニークな地名……予測不能のバスの旅は、おとなの好奇心を必ず満たしてくれるだろう。

　とりあえず奥多摩で途中下車するときは、熊にご注意を。また日原鍾乳洞の中は足場が悪いので、そこも含めて奥多摩のバス旅は、歩きやすい靴で出かけることをすすめたい。

推奨する本計画の類例

【武蔵村山市へ】

「思いっきり遠く」という点では奥多摩にかなわないが、バスでしか行けない東京散策の目的地として、多摩地域北部の武蔵村山市の旅もおすすめしたい。武蔵村山市は、東京では唯一の「鉄道駅がない」市。一応最寄り駅である多摩都市モノレールの上北台駅と、玉川上水駅および立川駅からバスが出ているので、鉄道不毛の東京の「市」をバスで探訪するのも面白い。街は全体的に殺風景で、駅がないと街の中心が定まらず「身の置き場がない」不思議な感覚を味わえる。乾いた雰囲気のためか、主婦がバラバラ殺人を行う桐野夏生の小説『ＯＵＴ』の舞台に選ばれたのも、妙に納得。一読してから出かけるのも面白い。

【足立区の鉄道不毛ゾーンへ】

東京23区で鉄道不毛のエリアといえば、なんといっても足立区だろう。それでもここ数年は日暮里・舎人ライナーとつくばエクスプレスが通り、鉄道不足も相当に解消されたが、でも足立区は広いので、まだまだ鉄道が到達していない地域が多い。おすすめは北千住駅前から竹ノ塚駅前または足立清掃工場前に向かう、都バス北47ルート。行先が「清掃工場」というのも相当渋いが、途中に「小右衛門町（こえもんちょう）」「島根町」なんてバス停があり、乗りながら自分が東京にいる自信が段々なくなってくる。さらに「六月町（ろくがつちょう）」という、実に不思議な名のバス停で降りると、それなりに商店街がありなかなか楽しい。足立区はほかに「六町（ろくちょう）」もあり、足立区と「六」のミステリーを探るのも一興かも。綾瀬駅から北部の花畑団地行バス（東武バス）に乗れば、花畑とはおよそ無縁の団地風景が待っているのもミステリーである。

行動計画

No.3

東京の終着駅でわざわざ降りてみる

途切れた路線に人生を重ね合わせ、さいはてのロマンに浸る

実例	西馬込駅（都営地下鉄浅草線）
予算	★★

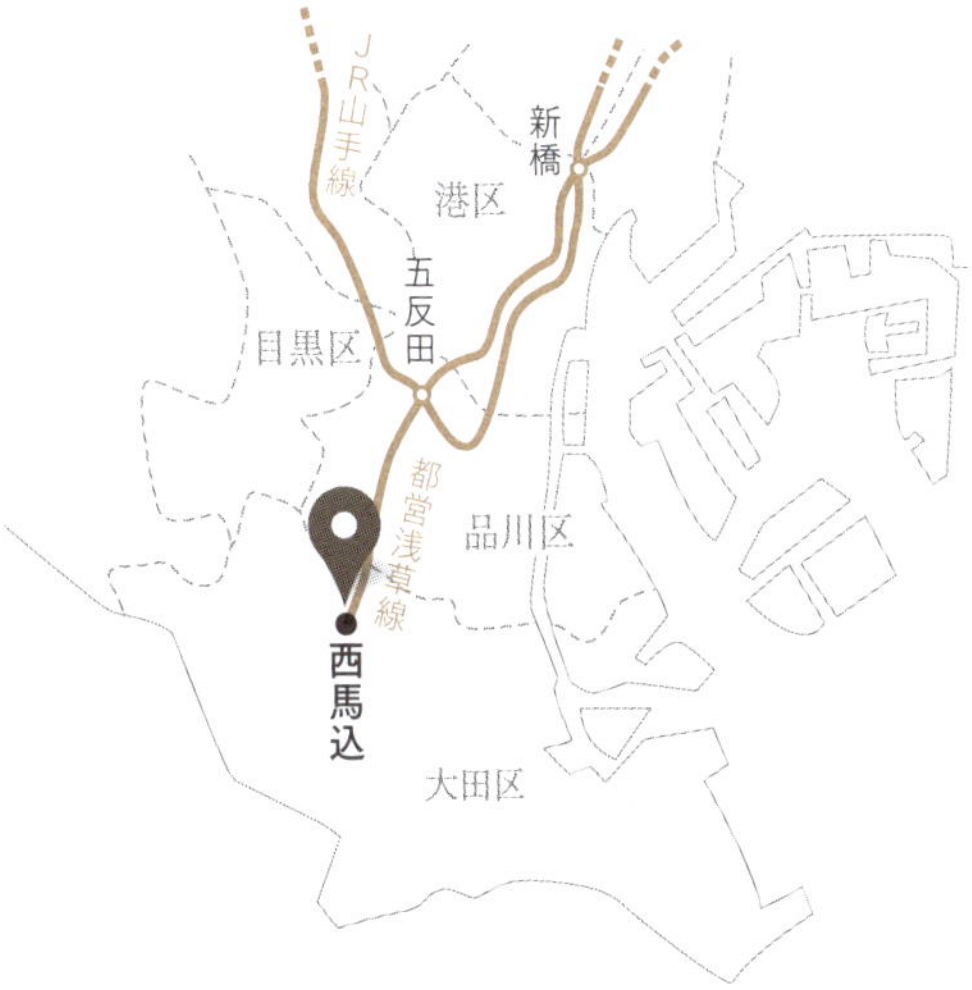

東京では数少ない、その先のどこにもつながらない駅

東京スカイツリーのある押上駅で、都営地下鉄浅草線に乗る。浅草や日本橋、新橋を経由して、電車は西へ進んでいく。そして三田を過ぎると、アナウンスが流れる。

「次は泉岳寺です。西馬込方面にお越しのかたは、お乗り換えです」

電車は羽田空港行。西馬込方面に行く人は、泉岳寺で乗り換えなければならない。

都営浅草線は、押上〜西馬込を結ぶ地下鉄だ。だが今では途中の泉岳寺から京浜急行に乗り入れ、羽田空港まで直通する電車が多く、西馬込に直通する電車は少ない。泉岳寺〜西馬込間をピストン運行する電車も多くて、まるで泉岳寺〜西馬込間はオマケというか、支線のようだ。

満員の羽田空港行から、泉岳寺始発の西馬込行に乗り換えると、乗客は少ない。そして電車が動き出し、高輪台を経由して五反田に着くと、ただでさえ少ない乗客の大半が降りてしまった。車内ガラガラのまま電車は進み、戸越、中延、馬込を過ぎ、そして終点の西馬込へ。

今どきの東京の電車は、終点に着いてもその先の別の路線に接続していることが多い。だが西馬込から先に延びる路線は、ない。**西馬込駅**は、ドン詰まりの終着駅なのである。

一見何もない駅前でも、まずは歩いてみる

東京23区内に、その先にもう路線がない、接続する駅もない「正真正銘の」終着駅は、意外に

少ない。ほかには都営地下鉄三田線の**西高島平駅**と、日暮里・舎人ライナーの**見沼代親水公園駅**。東武伊勢崎線の西新井から1駅だけ分岐する盲腸線・大師線の**大師前駅**、それに都営地下鉄大江戸線の**光が丘駅**、東京メトロ丸ノ内線支線の**方南町駅**、東京メトロ千代田線支線の**北綾瀬駅**などが、さいはての終着駅だ。

その中でも西馬込駅は、特に路線がそこでプッツンと終わる「唐突感」がひときわ強い。そもそもなぜここが、浅草線の終着駅になったのだろうか。

とりあえず外に出てみよう。駅の出口は3つあり、東口と西口と南口。せっかくドン詰まりの駅に来たので、いちばん奥の端っこの、南口から出てみることにする。

だが南口に出るまでが、けっこう長い。階段を下りて上って通路を曲がって、駅の構造が複雑なので驚く。年季の入った内壁や階段から察して、かなり古い駅のようだ。

やっと改札を抜けて外へ。さあ23区では貴重な終着駅の駅前、どんな風景が広がっているのかと思ったら……なんの変哲もなくて拍子抜けした。

駅前を第二京浜国道が横切り、車が途切れなく右から左へ、左から右へ走っている。ただそれだけの駅前なのだ。道沿いには4～5階建ての中規模雑居ビルがひしめいているが、ランドマークになるようなものは特にない。とりあえず目に付くものといえば、ファミリーレストラン「ジョナサン」くらいか。

それでも駅出口の脇に、大きな「馬込文士村散策のみち」の地図が立っている。その昔、丘と谷が入り組む馬込は「九十九谷」と呼ばれ、雑木林が茂り畑が広がるだけの場所だった。その静かな環境に惹かれて、作家の尾崎士郎・宇野千代夫妻が移り住んだのが、大正12（1923）年のこと。その後は尾崎さんに誘われて、さらに関東大震災後の住宅難も手伝って、多くの文士（作家）が馬込に移り住み、辺りは「文士村」といわれるようになったそうだ。

ＭＡＰによれば、馬込からＪＲ大森駅界隈にかけて移り住んだ文士は、ざっと50人以上。その居住地の跡をたどり、散策するのも一興だろうが、とりあえず第二京浜を渡った先に「西馬込商店会」の街灯が見える。まずは馬込の庶民の暮らしに触れてみたくて、第二京浜を渡った。

――さすがにシャッターを下ろしている店も多いが、それは馬込に限らず都内の商店街ではよく見る風景。それでもコロッケほか揚げ物が並ぶ店や「文

ビルの1階にさりげなく、西馬込駅の入口がある

士村まんじゅう」を売る和菓子屋、年季の入った寿司屋や喫茶店も。そして道は急な下り坂、と思ったら四つ角を曲がると今度は急な上り坂。なるほど「九十九谷」だ。

途中に立つ石碑に、風格漂う書体で文字が刻まれている。と思ったら「馬込半白節成胡瓜　馬込大太三寸人参　発祥之地」とのこと。あたりは戦前戦後にかけて、キュウリとニンジンの栽培が盛んだったようだ。畑が広がる九十九谷の風景が、うっすらと目に浮かぶ。

続いて第二京浜を馬込駅方面に進むと、途中にこれまた長い歩道橋が延びている。「道々女木（どどめき）橋」と名前もつく橋の階段を上り、橋上の真ん中に立つと、おもむろに周囲を見下ろした。

橋の下を線路が何本も延びて、その先の大きな車両基地へとつながっている。路線の終着点だけあって、ここには基地があるのだ。そして数本の地下鉄車両が、基地から半分車体を出して、日射しを浴びて休んでいる。

普段は日の当たらない地下を走っている車両たちも、束の間の休息は太陽の下で過ごすわけか。気持ちよさそうだなと思いつつ、車両基地をしばし眺めていると――ああ、終着駅に来たんだなという、静かな感慨が湧き上がる。

ここで風がサッと吹き、どこからか木の葉が舞い飛んできて、足下にハラリと落ちる。落ち葉の舞い散る終着駅――懐かしい昭和の歌を、ふと口ずさんだ。

歴史を紐解き、そこが終着駅になった理由を知る

都営浅草線が「都営1号線」として開業したのは、昭和35（1960）年12月のこと。ただし最初の開業区間は押上～浅草橋と短く、その後少しずつ延伸を重ねて、昭和43（1968）年に西馬込駅まで開通して全線開業となった。

当初の路線の起点は現在の馬込駅付近に予定されたが、その南に車両区を造る都合で南に路線が延伸され、ならその先にも駅を造ってほしいと地元の要望を受けて西馬込駅が誕生した。そしてその先に別路線を接続する計画もあったそうだが諸事情でかなわず、結局、西馬込駅は「その先につながる路線がない」終着駅となった。

さいはての終着駅の歴史を紐解いていくと「路線がそこで止まった理由」の裏側にあった「かなわなかった思い」が、しばしば垣間見える。

例えば東武大師線の大師前駅。もともとは西新井駅と、東武東上線の上板橋駅を結ぶ「東武西板線」の計画があり、その1駅目として大師前駅が昭和6（1931）年に開業した。だがその後、関東大震災で路線延伸工事はしばしば中断。そのまま時代は昭和に変わり、路線予定地が急速に宅地化して建設費が高額になるなどして採算が見込めなくなったため、大師前から先の路線建設は中止された。戦前の東武鉄道は、山手線の外側を東武線の大きな輪で囲む構想があったそうだ。そこには東京都下を東武線の輪の中に取り込みたいという、壮大な野望もあったのだろうが、実

現はされなかった。プツンと途切れる終着駅や盲腸駅は、そうした「果たされなかった先人の想い」を秘めていることが多いのだ。

そんな歴史や裏事情を知るほどに、途切れた路線に無念の想いが感じられ、本来は無機質な鉄路の「人生」に思いがめぐるから不思議だ。その先に線路が延びなかった終着駅。そこには「ロマン」と呼ぶには少々苦い、やるせなさも感じられる。

東京のさいはての終着駅に降り立ち、自身のこれまでの人生を重ね合わせてみる。時には苦い挫折の思い出がよみがえるかもしれないが、それもまた訪ねた土地が呼び起こす「旅情」なのかもしれない。心の中に落ち葉が舞う、物思う旅も、たまにはいい。

日が暮れて、西馬込商店会に居酒屋の明かりが灯る。恒例の「夜の部」散策第二章。

「西馬込駅がないころは、毎日大森駅まで歩いて大変だったよ」と地元の皆さん。

そして「西馬込から先に、どこにも路線がつながらないと不便では？」と聞くと、皆さんいっせいに首を横に振った。

「どこにもつながっとらんから、西馬込を出る電車は必ず始発、必ず座れる」「朝でも何時でも絶対座れる。大名。大名出勤！」

なるほど、終着駅にはそんなメリットもあるわけだ。このあとけっこう飲んでしまったが、戻りの電車はそんなわけでもちろん座れて、まさに大名気分で西馬込をあとにした。

推奨する本計画の類例

【西高島平駅】

都営地下鉄三田線の終着駅。板橋区の西北端にあり、駅から西に10分ほど歩けば埼玉県和光市で、東京23区のさいはてでもある。ここから東武東上線和光市駅に路線を延伸し、乗り入れる計画もあったが頓挫したため、その先のどこへもつながらないさいはて駅になった。駅の北側には広大なトラックターミナルが、北西側には浄水場があるものの人は少なく、無機質な雰囲気で閑散としている。手前の新高島平駅、高島平駅周辺には商店街があるが、この駅前はそれもない。小さな店が数軒点在するだけで、東京の地下鉄駅前としてはかなり寂しい。都心から近場で「さいはて感」を満喫するには最適かもしれない。

【方南町駅】

東京メトロ丸ノ内線の分岐線の終着駅。ホームが短いため6両編成の列車が停車できず、この駅に停車するのは3両編成の列車のみ。6両編成の電車は1駅手前の中野富士見町駅止まりで「あと1駅先に、なぜ進めない？」と、もどかしさを感じさせる駅でもある。一方で駅を出ると方南通りで、店も人も多くにぎわっている。方南通りを西に延々20分歩けば、緑豊かな和田堀公園。あまり寂寥感を覚えずに、さいはて駅前散策を楽しめるだろう。そして近々6両列車の乗り入れが可能になり、3両列車は廃止の方向だとか。東京の地下鉄としては極短小の3両列車、なくなる前に乗りにいくことを推奨したい。

行動計画

No. 4

歴史を偲び、まぼろしの廃線跡を歩く

鉄路の残影に目を凝らし、歴史に介在した思惑を読み取る

実例　中島飛行機武蔵製作所・引き込み線跡（三鷹市、武蔵野市）

予算　★

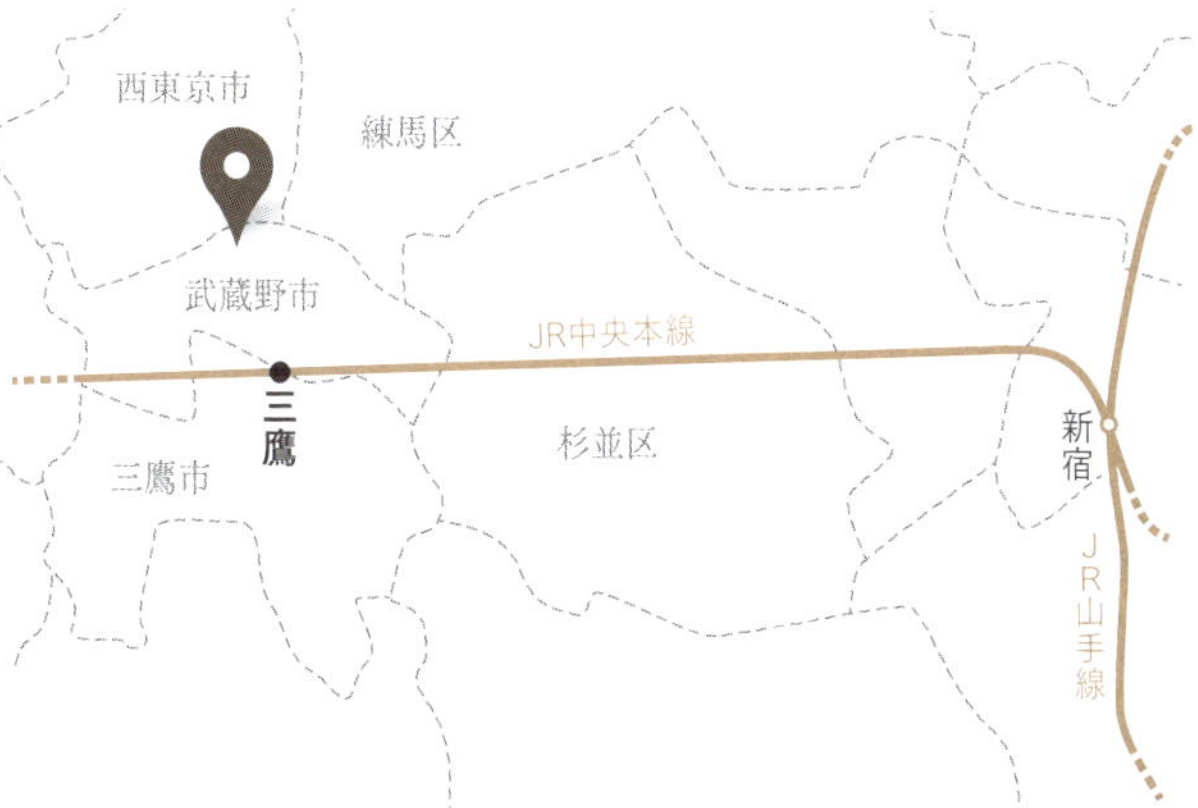

何気ない風景の奥に見える、路線の跡

「三鷹〜、三鷹ですー」

ＪＲ中央線ホームに電車が着き、大量の人々がホームに降り立つ。あふれる人、人。今や武蔵野の中核都市、三鷹。だが戦前のあるころまでは、武蔵野台地の素朴な一農村に過ぎなかった。辺り一面麦が生い茂るだけの、文字通りの「野原」だったそうだ。

それがある年に軍需工場ができて、そこで働く人もやってきて、街ができた。工場の名は**中島飛行機武蔵製作所**。ただし戦争で徹底的に破壊され、その跡はもう残っていない。

そしてかつては、中島飛行機に物資を運ぶため、鉄道路線も通っていた。

広大なロータリーに数秒おきにバスが来て、ズラリと並ぶ人々を吸い込み出発する。ロータリーは一瞬閑散とするが、すぐまた次の行列ができて、またバスが来る。

線路沿いに延びる、緑豊かな道は「桜通り」。歩道脇を玉川上水が流れている。途中で道が分かれ、線路沿いギリギリを通る細い道は、堀合（ほりあわい）通り。道のすぐ脇を、中央線の快速列車が高速で走り抜ける。続いて特急「かいじ」も。やがて前方に堀合児童公園が見えてきて、車道を離れ公園を通る遊歩道を進む。人の姿は少ない。遊んでいる子どもが数人と、ジョギングをする人がふたり。

遊歩道は新武蔵境通りと並行して延びるが、いちょう橋交差点でいったん途切れる。四つ辻の

一角で小さな「ぎんなん橋」が、玉川上水に架かっている。

中島飛行機は日本を代表する航空機メーカーだった。その武蔵製作所が武蔵野台地に造られたのは、昭和13（1938）年。以後昭和20（1945）年まで稼働し、ゼロ戦をはじめとする軍用機のエンジンを主に生産した。この工場への物資輸送のため、武蔵境駅から工場まで引き込み線が敷かれた。

しかし軍需工場だった武蔵製作所は、米軍の攻撃の標的となり、激しい空襲が何度もこの地を襲った。工場は壊滅した。

戦後の昭和26（1951）年、工場跡の一角に東京スタジアム・グリーンパーク野球場ができると、野球観客の輸送のため、引き込み線は敷き直された。三鷹とスタジアムを結ぶ路線は「国鉄武蔵野競技場線」。しかし野球場は都心から遠く、砂ぼこりもひどかったため1シーズンで閉鎖。武蔵野競技場線も昭和34（1959）年に廃止された。

その後、廃線跡は、玉川上水から北が「グリーンパーク遊歩道」、南が「堀合遊歩道」として整備され、今立つこの場所にはコンクリートの橋台だけが残された。2012年には、都道建設に伴いすぐ近くに「ぎんなん橋」が設置され、現在に至っている。

ここに残る橋台の跡は、工場引き込み線の遺構としては唯一残ったものだそうだ。そして気づかぬうちに廃線跡（堀合遊歩道）を歩いていた。

戦争を行うための、鉄道が通っていた

交差点を渡った先に、新武蔵境通りと並行して「グリーンパーク遊歩道」が延びている。木々に挟まれ緩やかに蛇行する遊歩道は、確かに鉄道の軌道を思わせる。かつてここに線路が敷かれ、物資を積んだ列車が走った光景を想像しながら、進んでみる。

遊歩道は人が多く、今はすっかり市民の散歩道として親しまれているようだ。犬を連れて歩く人、自転車で颯爽と走り抜ける女子学生。道沿いには青々と木々が茂り、その向こうには瀟洒な住宅が並び立つ。緑豊かな新興住宅地。その風景を見るほどに、かつてこの地が空襲に見舞われたことが、信じられない。

井ノ頭通りを挟み、遊歩道は北に続く。景色が開け、遊歩道沿いに公園が広がる。滑り台で遊ぶ2歳くらいの女の子。楽しそうな姿を、若い母が笑顔で見つめている。

滑り台のそばに「武蔵野の戦争の記憶を訪ねて」と題して「関前高射砲陣地跡」の説明板が立っている。

中島飛行機武蔵製作所の周辺には、地上から米軍機を撃墜するための大砲「高射砲」が設置されていた。この案内板が立つ付近にも6門あった。

しかし昭和19（１９４４）年11月24日から、武蔵野へ空襲が行われた。米軍の爆撃は高さ1万メートルから行われ、日本軍の高射砲の砲弾の多くは届かなかった。そして空襲は工場だけでな

かつて軌道が通っていたグリーンパーク遊歩道。道のカーブ具合に「廃線跡」を感じる

く、周辺の民家にも被害を及ぼし、住民も亡くなった。

遊歩道を進む。途中の池に何組もの親子連れ。「トンボの一生」の説明板が立っている。

五日市街道を挟み、遊歩道は続く。カモがヒューンと飛んできて、遊歩道沿いの小池にジャボンと着地し、スイスイと泳ぎ始める。

だがその先で遊歩道はカーブを描くと、前方を横切る大通りと合流し自然に途切れた。廃線跡はここまでか。そして大通りを渡った先には、武蔵野中央公園が広がっている。

広大な、芝生の公園。くつろぐ人。子どもの歓声。

だが戦前はこの場所に中島飛行機武蔵製作所があり、戦闘機が作られていた。そして昭和19（1944）年11月以降、延べ9回にわたる空襲がこの場所を襲った。犠牲者は工場だけでも220名、ほか多数の町民の命も奪われ、工場は跡形もなく壊滅した。

終戦後の昭和27（1952）年、跡地に米軍宿舎を建設することが決まった。市民の多くは反対したが、翌昭和28（1953）年には宿舎「グリーンパーク」が完成し、米軍将校とその家族二千数百人が入居。その後は市が一丸となって返還運動を行い、昭和48（1973）年についに返還された。

跡地は公園になり、1989年に「はらっぱ公園」として生まれ変わった。

「半世紀に亘る激動の時代を経て、緑が美しい畑地であった昔を偲ばせる〈はらっぱ〉に戻った」……公園に立つ案内板に書かれた一文が、胸に染みる。

ゴオオォォォン。夕方5時。辺りに響くのは、近くに立つ延命寺の鐘の音だろうか。ここにもまた平和を願う碑石と、観音菩薩像が立っている。

歴史を学びつつ歩く、おとなの廃線跡散歩

廃線跡散歩と聞くと、鉄道マニアの趣味的な探訪と思うかもしれない。だがおとなの「ひとり休日」に廃線跡を歩くなら、そこから一歩踏み込んで、敷設から廃線までその背景にあった社会事情にも思いを馳せたい。

特に戦前からある日本の鉄道の大半は、何らかの形で戦争に翻弄された。例えば現在も通るJR路線の中には、戦前のある時期までは民営だったのが、国策のため国有化され国鉄路線となっ

たものが多い。古い路線の歴史を紐解くと、そのほとんどがほぼ必ず、戦争に利用された過去にたどり着く。

また廃線が決まった背景に、大企業の都合や国策など「時代の事情」を背負っていた路線も多い。代表的な例が、北海道に数多く通っていた炭鉱鉄道。国のエネルギー政策転換により炭鉱閉山が相次ぐと、路線も次々に廃止された。その廃線跡を歩くと、国策に人生を左右された、炭鉱夫たちの顔さえも浮かんでくる。

鉄道が廃線になった背景には必ず、それによって生活を翻弄された人々の存在がある。彼らの人生を背負ったままそこに残る廃線跡は、もの言わぬまま何かを語りかける。

線路跡をたどりながら、そこにあった時代を感じ、歴史を知る。時には戦争の愚かさを感じることもあれば、権力者の思惑に翻弄された路線の末路に無常を感じるなど、さまざまな思いが去来するだろう。あれこれと思いめぐらす「おとなの廃線ウォーク」を、ここではおすすめしたい。

公園の東にあった東京スタジアム・グリーンパーク球場の跡地は、今は住宅地になっている。そして三鷹駅に向かう大通り「中央通り」に並行して延びる、極細の商店街は「グリーンパーク商店街」。建設に反対した米軍宿舎「グリーンパーク」と同じ名前が、その後も街角に残ったのが面白い。

暮れなずむ中で街灯がポツリ、またポツリと灯る。グリーンパーク商店街をブラブラと歩きながら、かつて線路が通っていた場所を、あとにした。

推奨する
本計画の類例

【晴海橋】

開発が進み高層ビル街となった豊洲の一角で、晴海運河に架かる鉄橋が晴海橋。橋の上を線路も通っているが、今は運行する列車はない。赤銅色のアーチ鉄橋は超近代的な風景の中で、そこだけタイムスリップしたかのような不思議な印象を与える。元々は貨物路線である、東京都港湾局専用線の晴海支線の一部として造られ、昭和32（1957）年から貨物列車が運行していた。だが輸送の主役がトラックに代わる中で、1989年に港湾局専用線が廃止になり、合わせて晴海支線も廃止された。今は渡ることはできないが、その姿を間近で見られる。市場移転で話題になった豊洲の、原風景を感じる遺構である。

【東京都水道局小河内線】

奥多摩にある小河内ダム建設にあたり、資材運搬用に敷設された貨物線「小河内線」の跡が、今も残っている。現在の奥多摩駅の旧称でもある氷川駅から水根駅まで、全6.7kmを運行した。昭和27（1952）年の開通から昭和32（1957）年の廃線まで、運行はわずか5年半だったが、広大な取水域から都下に水を送る基地として、ダムを完成させた功績は大きい。奥多摩駅近くに入口がある遊歩道「奥多摩むかし道」から、貨物列車が通った橋梁や線路跡、トンネルなどの遺構を見られる。バスの旅（行動計画No2）とあわせて訪ねてみるのもいい。

行動計画

No.5

東京23区内で山登りを体験する

東京の原風景を全身で感じ、小さな達成感も得る

実例　箱根山（新宿区）、愛宕山（港区）

予算　★

山手線内最高峰は「**箱根山**」

♪箱根の山は～天下の嶮～♪

というわけでポッカリ空いた休日、山登りをしようと東京メトロ東西線の早稲田駅で降り立った。さあ登るぞ！

なんで山登りで早稲田かって？ それは早稲田に山があるから。それも山手線内では最高峰の「箱根の山」が！

穴八幡神社の赤鳥居を横目に、早稲田大学文学部キャンパス（略して「文キャン」）脇を進むと、行く手には緑茂る戸山公園。その敷地内に「**箱根山**」がそびえているのだ。入口に着き、ＭＡＰで山の位置を確かめる。

「いきいき広場」と「じゃぶじゃぶ池」「花の広場」を過ぎた先が箱根山。行くぞ！ この日は気温35度の猛暑で、汗が額から滴り落ちる。浅く水を張った「じゃぶじゃぶ池」で、大勢の子どもたちが水遊びを楽しんでいる。はしゃぐ姿を横目に、山を目指す。

「箱根山北入口」の石碑が立ち……おおっ、低いけど確かに山がある！ 山肌を伝い、頂上に続く階段、というか登山道もある。

すぐ登るのももったいないので、まずはふもとをグルリ一周。ジー、ジー、大量のセミの鳴き声、まさに大合唱。山肌は林に覆われ、木漏れ日が差し込み、地面にいくつもの光の粒を描く。

箱根山。「山肌」を伝う階段を登れば、気軽に「登頂」できる

木々を伝ってそよぐ風が、草の香りを運んできて気持ちいい。

古地図が掲示されている。「新撰東京名所圖會」より転載した「寛政年間戸山尾州邸園地全圖」。ここにはもともと、尾州徳川家の大名庭園「戸山荘」があった。元禄年間（１６８８〜１７０３年）に完成した廻遊式築山泉水庭の広さは実に、約13万６０００坪余り。数ある大名庭園の中でも、最大規模を誇っていたそうだ。

園内に東海道五十三次の小田原宿の町並みを再現するなど、そのスケールはケタ外れ。そしてさまざまな造営を施す過程で掘り出した残土を積み上げ、人工の山「築山」も造られた。それが今目の前にそびえる「箱根山」なのだ。

明治時代になると、「戸山荘」は陸軍戸山学校の用地となり、そのころから築山を「箱根山」「函根山」と呼ぶようになったそうだ。ただし詳しい由来はわからないとか。

さて、そろそろ登ろうか。

「登山道」の階段を、ゆっくり登り始める。木々に挟まれ、山肌を伝って延びる、幅1メートルもない狭い階段。額に浮き出る汗を拭いながら一段、また一段。都心では貴重な山の斜面を踏みしめながら登る。

53段を上り、ついに頂上へ。着いたー！

山頂は林に囲まれ景色は望めないが、空が広くて気持ちいい。「N」と刻んだ石の方位板が置かれ、隣の石板には「標高44m6」の文字も。標高44・6メートル。今自分は山手線内で、最も高い地面の上に立っているのだ。

ほぼ正方形のベンチも置かれ、木々の向こうに景色案内が描かれている。サンシャイン60に

箱根山の山頂。かつてはここから富士山や、房総半島が見えたのだろうか

霞ケ浦、両国国技館、東京タワー、富士山、赤城山。さらに東京湾、奥多摩、房総半島も。かつてはここから見えたのだろうか、富士山や東京湾が。

片隅に掲示された「登頂証明書」発行のお知らせに目が留まる。じゃあ発行してもらおうかと思ったが、発行場所の公園サービスセンターは、ここからかなり遠い。いいか別に。それよりも今は登頂の達成感に、しばし浸ろう。

汗が滴る。だが「下界」に比べて風が少しだけ、涼しいような気がした。

東京23区内自然山の最高峰、愛宕山

最高峰は制覇したが、「箱根山」は人工の山だ。やはり自然山の最高峰も登っておきたい。

というわけで、東京メトロ日比谷線の神谷町駅で降りた。外に出ると、目の前にそびえる東京タワー。さらに超高層ビル・虎ノ門ヒルズも。この高層建築物が林立する中に、本当に最高峰の自然山があるのだろうか。

それでも路地に入ると正面にトンネルが。右から書かれた「愛宕隧道」の文字に年季を感じる。そしてトンネルの上に、こんもりと茂る緑の森。もしかして、山？

「お参りの方は出世の石段よりお進み下さい」「左折して東急インを目指して下さい」と、トンネル入口に書いてある。くぐると今度は「ＮＨＫ放送博物館」があり「愛宕山エレベーター」の表記も。エレベーターで山頂に行けるらしいが、しかしお参りは出世の石段……山はエレベーター

で登るものではない。迷わず左折して、東急インを目指す。

高層ビルが立ち並ぶ一角に、愛宕神社の赤い鳥居が見える。そして鳥居の向こうには……緑に挟まれて果てしなく延びる、あまりにも急な石段が！

石段を上った先が愛宕神社、そして23区最高峰の自然山、「**愛宕山**」だ。標高25・7メートル、と聞くとたいしたことないと思うが、石段は急峻で頂上が高く、目がくらみそうだ。

登るぞ。一礼して鳥居をくぐり、石段に足をかけた。一段、また一段、さらに一段。

ピューーッ。吹き抜ける風が冷たい？　そして、うっかり振り返ると――。

けっこう高くまで来た！　石段を踏み外して転げ落ちたら、一巻の終わりだ。怖い！

山登りだ。僕はいま間違いなく、山を登っている。怖いけど後戻りはできない。登るしかない。

なぜならそこに、山があるから。

登った。頂上に着いた！

登り続けること86段、たどり着いた頂上は愛宕神社の境内で、参拝者がたくさんいる。皆さんこの石段を上ってきた？　わけではなく、愛宕山には登山ルートがいくつかある。

まず今上った86段の石段は「男坂」、別名「出世の石段」とも呼ばれ、その急勾配は実に40度。かつて徳川家光が山の上に咲く梅を騎馬で取ってくるよう命じ、成し遂げた家臣は寵愛されたという逸話が残る。登山ルートはほかに、蛇行して緩やかに登る「女坂」と、放送博物館のエレベーターがある。大正14（1925）年3月22日に社団法人東京放送局（のちのＮＨＫ）が、日本初のラジオ本放送をこの山から行ったそうだ。

さて、無事に登頂したお札も兼ねて、神社にお参り。賽銭10円（ケチ）を投げて、向こう1年の無病息災を願った。なでると福が身につくという「招き石」もなでて、参拝完了。そして境内を散策すると、足元にさりげなく「三角点」と刻まれた石柱が立っている。

愛宕神社の出世の石段「男坂」。目もくらむ階段に「山」を実感する

国土地理院の地図では、愛宕山がある地点に「山」を表す三角表記もあるそうだ（「箱根山」はなし）。標高25・7メートルだが、愛宕山は正真正銘の山なのだ。

東京の低山は、意外と高い？

東京都内は意外なほど、山が多い。人工山もあれば自然山もあり、その成り立ちはさまざまで、標高はおおむね20メートル前後。10メートル以下の「超低山」もあるが、でもそれぞれれっきとした山なのである。

「都心で山登り」というと、その低さから「山だと思い込むことが大事」と説く人もいる。でも愛宕山の石段を上って、これは思い込む以前に間違いなく「山」だと思った。急斜面で感じた恐怖も、そして頂上にたどり着いた達成感も、まさに登山ならではの感覚。今でこそ東京の地面の大半はアスファルトに覆われているが、その下には昔から変わらない「山の斜面」があることを、まざまざと感じた。

関東平野が広がる平坦な江戸は、高層ビルなどが立ち並ぶ以前は見晴らしがよく、30メートル程度の低山から遥か遠方まで見渡せたそうだ。遠く富士山や東京湾、房総半島まで眺めて、さぞかし爽快だったことだろう。

東京がアスファルトで覆われ、ビルの林で埋め尽くされたのは、この数十年の出来事に過ぎない。山を登ることで、それ以前の長い間そこにあった東京の風景が、見えてくる。

愛宕山の三角点（左）。「山の茶店」で、ラムネでのどを潤す（右）

小さな達成感を味わいつつ、東京の本来の姿を知る。東京の山登りには、ほかでは得難い充足感がある。

愛宕神社の境内の一角に、軽食を出す小さな店を見つけた。ビールもあるが、これから石段を下りて「下山」するので控えておこう。代わりに冷えたラムネを買い、栓のビー玉をスコンと落とす。あふれ出る泡をズズイとすすると「登山」の疲れも消えた。

吹き抜ける風が、下界よりも少し冷たい。

そして茶店で一服。

山を登ったんだなあと、しみじみ思った。

推奨する本計画の類例

【飛鳥山（北区）】

ＪＲ王子駅の西南にそびえる飛鳥山は、標高25.4ｍの自然山。山を中心に広がる飛鳥山公園は、北区を代表する区民憩いの場として親しまれているが、その行楽地としての歴史はかなり古い。８代将軍徳川吉宗が享保５（1720）年から２年がかりで、飛鳥山に1270本もの桜を植えたのが始まりで、庶民に開放されて花見の名所となった。富士山や筑波山の眺望も楽しめて、日本橋から２里（約８km）というアクセスの良さも手伝い、桜の時期には大勢の人が出かけたそうだ。明治６（1873）年に日本最初の公園に指定された由緒正しい場所でもあり、東京の行楽史を感じつつ頂上を目指したい。駅から延びるモノレール、通称「アスカルゴ」で登頂することも可能だ。

【有栖川宮記念公園（港区）】

執筆の仕事をしていると、資料集めで頻繁に出かけるのが都立中央図書館。東京メトロ日比谷線の広尾駅から有栖川宮記念公園に向かい、園内の丘を伝う階段を上って図書館へ――というかこの丘が山であると最近知り、相当驚いた。知らぬ間に東京の山を、何度も登っていたわけだ。ここは江戸時代には盛岡南部藩の下屋敷に使われていたが、明治29（1896）年に有栖川宮威仁（たけひと）親王の栽仁（たねひと）王新邸の御用地になる。有栖川宮廃絶後は高松宮が引き継ぎ、昭和９（1934）年に東京都に賜与されて公園となった。「山」としての名称こそないが、図書館の近くに三角点がある。図書館は蔵書充実で、しかも目当ての本を探しやすい。「登山」と合わせて一日たっぷり楽しめる場所である。

行動計画

No.6

人工で造られた、東京の水辺・運河を回る

江戸の水路の歴史を知り「水都・東京」を堪能する

実例　小名木川周辺

予算　★★

江戸時代の、水路発祥の背景を思いつつ歩く

豊臣秀吉から関東一円を与えられた徳川家康は、江戸を城下町と定めて入府した。しかし当時の江戸は、まだ見渡す限り葦の茂る湿地。さあどうしたものかと家康は、目を白黒させたとか、させなかったとか。

とにかくこの場所に城を築き、家臣たちの屋敷も建てなければならない。生活するために食料供給ルートも構築して、さらに支配地域から年貢米も運ばなければいけない。

そのために家康はまず、水路の開削から始めた。

地下鉄の半蔵門線および大江戸線の清澄白河駅で降りて、外に出る。以前は辺りに鉄道駅がなく、人形町駅や門前仲町駅から歩いていくしかない場所だったが、便利になったものだ。

駅出口の目の前に、短い橋「高橋（たかばし）」が架かっている。橋の下を流れる川は、**小名木（おなぎ）川**。自然の川ではなく、徳川家康が開削した人工の川、つまり運河である。

家康が運河の開削を始めたのは、天正18（1590）年ごろから。数本開削した運河の基軸となったのが、西の隅田川と東の中川を東西一直線に結ぶ小名木川である。のちに下総国行徳の塩を江戸に運ぶルートとなったため「塩の道」とも呼ばれたが、家康の目的はそれだけではなかったらしい。

秀吉の庇護のもと入府したとはいえ、当時の江戸を含む関東一円はまだ北条氏の勢力が残り、

家康の入府をよく思わない残党も多かった。家康としては関東全域を、なるべく早く掌握したい。そのためにも小名木川の開削が不可欠だった。開通により、まず西の隅田川を経由して武蔵国を掌握。一方で東の中川は江戸川に通じ、その先の上野、下野、常陸も掌握。また江戸川を通じて房総も勢力圏域に収め、小名木川一本を開削することで、関東一円を支配下に入れることができたのである。

ちなみに小名木川から江戸川を経由して、成田山に参詣する者も多かったと。そうして出かける者がいれば入ってくる者もいて、中には奸計を秘め江戸に来る輩もいる。家康は東の中川側の入口に番所を設け、不審者の出入りを厳しく取り締まった。

さらに明暦3(1657)年の大火後は、隅田川の東側の本所深川の開発が進み、小名木川から支流が枝分かれして一帯を網羅した。そうして開削されたのが、今もある北十間川、竪川、大横川、横十間川などである。

とにかく交通や荷物運搬の主役が、陸路よりも水路だった時代。縦横何本もの水路を張り巡らせた江戸は大いに栄え「水の都」となった。

明治の近代化における水路の役割を、川面の残像に探す

小名木川に沿って高橋から西へ進むと、そこは隅田川。清洲橋が架かっている。余談だが筆者が新卒で勤めた会社が清洲橋のたもとにあり、社屋の塀に面してセメント工業発祥の地碑が立っ

ている。浅野セメント初代社長直筆の碑文が刻まれ、隣に社長の像も。

江戸時代に家康が開削した運河群の水運を利用して、明治時代になると運河沿いに、いくつもの近代化学工場が建った。そしてセメントに化学肥料、精製糖など近代日本を支える工業が、小名木川沿いで次々に発祥した。もっとも時代が昭和に移ると、工場群は軍需産業の拠点になり、それが戦時中は空襲の標的となり壊滅してしまうのだが。

とにかく明治時代になっても水運が衰えることはなく、小名木川沿いには店が建ち、人が集まり大いに栄えた。明治初期には小名木川から江戸川〜利根川を経由して佐原・銚子までを結ぶ蒸気船「通運丸」も運行開始。煙突から煙を吐いて航行する姿から「ポンポン船」と呼ばれ、親しまれたそうだ。

船が発着する高橋界隈は、大勢の人でにぎわった。ポンポン船で野菜を売りに来る人、入れ替わりに日

高橋から小名木川を見る。往来する船もなく、静かだった

用品を買って帰る人。船客目当てに夜店が並び、映画館に寄席、カフェーもできて、川沿いの行徳街道に一大歓楽街ができた。1日に600艘もの船が行き交い、川は渋滞が起こることもしばしばだったという。

だがそんな繁栄も、第二次大戦の空襲で灰に消えた。戦後、町は高橋商店街として立ち直ったが、ポンポン蒸気船は復活しないまま今に至っている。

歩き通して実感する東京水辺ヒストリー

アーケードが延びる高橋商店街を歩くと、漫画「のらくろ」のポスターが目に付く。商店街は「のらくろ～ド」として一時注目されたが、今はシャッターを閉じた店が目立つ。水路が交通の主流から外れた今、高橋商店街にかつての繁栄の残像は見えない。

高橋から小名木川沿いの遊歩道を、東の中川方面に向かい進む。西深川橋の、低い橋げたをくぐり抜けると、すぐ先に今度は東深川橋が見える。小名木川は橋の宝庫で、隅田川から中川まで4キロ超の間に、実に16本もの橋が架かっているのだ。

途中の新高橋をくぐった先で、支流の大横川と交差し、ここでスカイツリーが見える。そして新扇橋を過ぎると、小名木川名物の閘門（こうもん）を見られる。

地盤沈下で水位を下げた、水面の高さの違う川への行き来を助ける「船のエレベーター」閘門。この日は残念ながら修繕工事中だったが（2019年春まで工事の予定）、小名木川散歩ウォッチングのハイライトだ。修繕を終えたあかつきには、雄姿を拝めるだろう。さらにその先で横十間川と交差する地点に架かる、大きな×印のクローバー橋も見ごたえ満点だ。

とにかく周辺の遊歩道に草が生い茂り、草の葉越しに川や橋を眺めていると、かつての自然豊かな江戸の風景が浮かんで止まない。さらに途中で何度も、羽を休める大きなサギを見た。水辺の東京には今も、昔ながらの自然が息づいている。

クローバー橋の東へ進むと、低い鉄道高架が目の前を横切る。ヒュイン！　と警笛を鳴らし、貨物列車が通過。今も越中島へ貨物線が通り、かつては小名木川から南へ下った先に、貨物専用の「小名木川」駅もあった。駅は2000年に廃止され、跡地にはスーパー「アリオ」が立ち、今では「アリオ」前交差点の信号表記に「小名木川駅」の表示だけが残っている。ほんの十数年前まで運河を基軸とする鉄道駅があったことに、改めて東京の「水都」ぶりを実感する。

川べりには「釜屋の渡し跡」碑も立つ。戦前まで小名木川を挟んで南北に渡船が航行し、1日200人ほどが行き来していたそうだ。またクローバー橋から横十間川を北に進むと、大島橋のたもとの釜屋堀公園に、化学肥料工業発祥の碑も立つ。「窒素」「燐酸」「加里」と刻まれた石碑は風格が漂い、明治の近代化の一端がこの地で産声を上げたことを、改めて感じずにいられない。

丸八橋、番所橋をくぐると小名木川は緑の小山に突き当たり、手前を左右に流れる旧中川に合流する。どうやら小名木川の東端に着いたらしい。そして江戸時代に川への出入りを取り締まった中川番所も、この辺にあったようだ。

T字を右折して旧中川を南へ進むと、その先に再び閘門「荒川ロックゲート」。越えた先で旧中川は荒川に合流し、水運はその先へと続く。江戸川とつながり房総、常陸へ。西方では埼玉「武蔵国」へ。

水面を伝う風が頬をなで、スカイツリーも見えて、江東の運河散歩は気持ちいい。だがそれだけで終わらず、家康の時代に遡る歴史を知って歩けば、感慨もひとしおだろう。

国内でも指折りの水の都、東京。だが東京に住む多くの人が、意外とその水都ぶりに気づいていないし、まして家康との関わりを知る人もたぶん多くない。せっかくの水都に住んでいながら、それではもったいない。

まずは水辺を歩いてみて、水都・東京を体感しよう。広大な葦の原に、これほどの水路を開削した家康の苦労を、400年の時を越えて分かち合えるはずだ。そして歩くほどに行徳から塩を運び、ポンポン船が往来した川面の風景が、おぼろげに浮かんでくるに違いない。スカイツリーと運河を同時に見て、江戸時代と現代が交錯する妙を楽しむのも一興だろう。

ただし小名木川は4キロ少々あり、水辺踏破は体力が必要。もっと手軽に東京の水辺を楽しむなら、後出の水上バスの利用もおすすめだ。これも「水都・東京」の歴史を知ってから乗船すれば、「江戸の成り立ち」を随所で感じ、深みのある旅を楽しめるはずだ。

推奨する
本計画の類例

【水上バス】

東京都観光汽船と東京水辺ラインの２社が、多彩なルートで水上バスを定期運行している。予約なしで気軽に乗船できる一方で、船内でビールや軽食を楽しめるなど観光気分も満点だ。浅草から浜離宮、日の出桟橋を経由してお台場海浜公園に至るルートは、本数も多くて人気。途中で何度も橋の下をくぐるが、橋のデザインがそれぞれ違い凝っているので、ビール片手にブリッジウォッチングも楽しい。晴天の休日は、日の出桟橋からの乗船は（最近は特に外国人で）混み合うので、浅草から乗るのがおすすめ。途中の浜離宮で降りて、大名庭園（次章の行動計画を参照）散策するのもいい。

アーチが美しい永代橋を愛でつつ、日の出桟橋へ

行動計画

No. 7

大名庭園に過ぎ去りし人々の面影を追う

美しさを愛でつつ、大名の苦労を想像する

実例　六義園（文京区）

予算　★

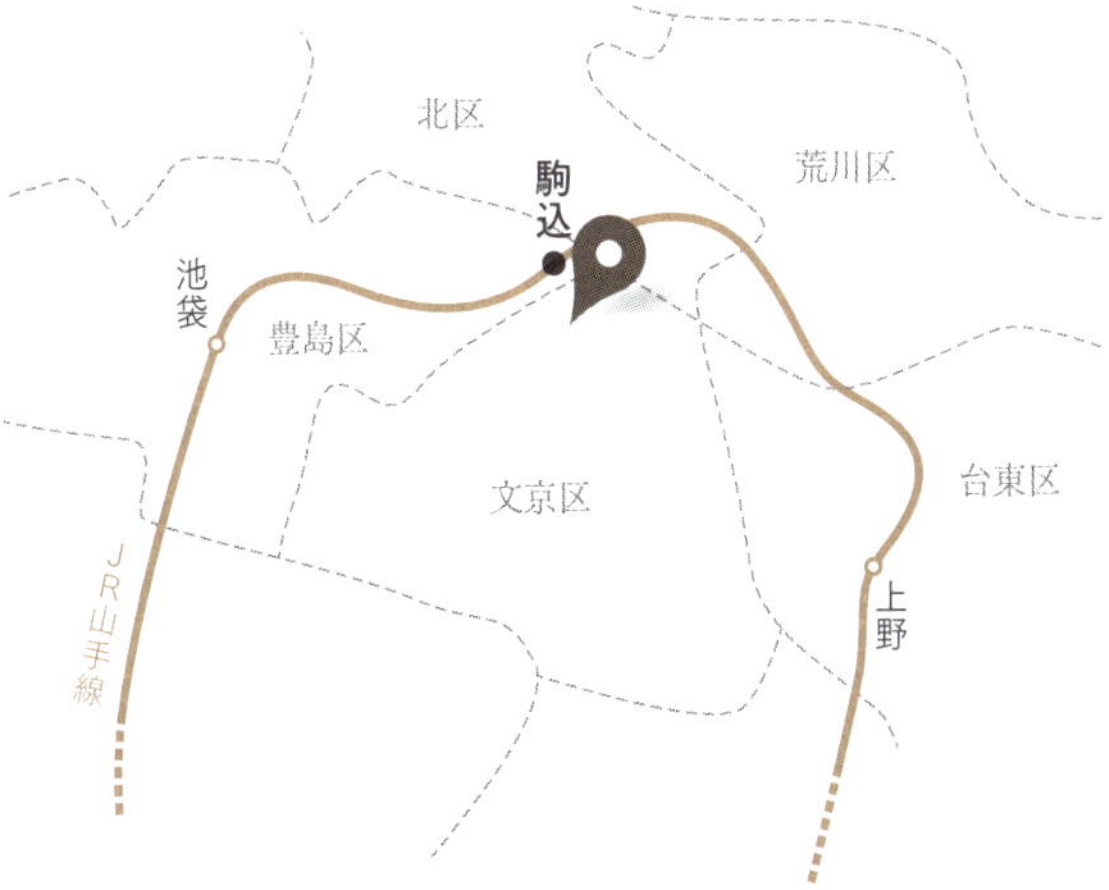

大名たちが庭園を造った理由とは？

庭園めぐりなんて、自分のガラじゃないと思っていた。男性ならそんな人は、多いんじゃないだろうか。

六義園には、桜や紅葉を見に行ったことならある。「きれいだな」とは思ったが、それ以上のこともなかった。だが「大名庭園」というものについて、一応の勉強をしてから行ってみたら、違った印象を受けた。

江戸時代、全国各藩の大名たちは、参勤交代で江戸に一定期間、在府しなければいけなかった。その間は幕府から拝領した屋敷に住み、屋敷に併設して巨大な庭園を造るのがならわしだった。これが大名庭園である。

庭園の広さは狭くても数千坪、広大なものは数万坪あった。もちろん大名とその家族は庭園でくつろぐこともあったが、大名庭園にはそんなプライベートの域を超えて、職務上の重要な意味合いがあった。

例えば将軍が大名を訪ねてくる。あるいは他藩の大名も訪ねてくる。そんなＶＩＰな人たちの接待に、庭園は利用された。接待の出来によって、今後の出世も左右されかねないので、大名たちは庭園の整備に労力を注いだ。「大名」は地元では殿様だが、「日本」という括りの中では中間管理職のようなもの。現代サラリーマンの悲哀にも通じる気苦労を伴って、大名たちは広大な庭園を造ったのかもしれない。

江戸時代の江戸に、大名庭園は数えきれないほどあったそうだが、今も庭園として残るものは少ない。そのひとつが六義園で、造ったのは時の川越藩主柳沢吉保。5代将軍徳川綱吉の寵愛を受け、側用人から老中↓大老まで上りつめ、ついには15万石の封土を持つ甲府藩主にまでなった出世頭である。

和歌の世界を再現した優美な庭園

駒込駅から本郷通りを南へ進む。瀟洒な住宅や高層マンションを眺めつつ歩くと、やがて緑が生い茂る一角が見えてくる。この都心の一等地に、森のように茂る緑？

案内に従い路地に入ると……煉瓦造りの外壁？　江戸時代の庭園になぜ、と思いつつ中へ。そして木造の風格漂う「内庭大門」をくぐると——。

一面の緑！　それもただの緑地ではない。

澄みきった水をたたえる池があり、その周りには緑豊かな小山が連なり、都心にいることを瞬時に忘れる。池のところどころには石や木でできた橋が架かり、池には緑に包まれた大きな島や、小さな石の島も浮かんでいる。池を囲む小山に生茂る木々の緑は丁寧に刈りそろえられ、木々の隙間にあずまや風の建物も見える。

案内マップ片手に園内を歩く。園の中心に広がる池は「大泉水」。そのほぼ中央に、石橋でつながって浮かぶ緑の島は「妹山（いものやま）・背山（せのやま）」。昔は夫婦や兄妹のことを「妹背（いもせ）」と呼び、夫婦和合や子孫繁栄の思いを込めて造られたらしい。

ここで案内板の「和歌山県」の文字が目に留まる。六義園の「六義」とは、紀貫之が『古今和歌集』の序文で書いた、和歌の六つの基調を表す「六義（むくさ）」という言葉に由来しているとか。そして自らも和歌に造詣深かった柳沢吉保は、庭園に和歌の世界を再現しようと考え、紀州（和歌山県）の和歌の浦の風景や地形を取り入れた。ちなみに和歌の浦には実際に「妹背山」がある島が今もあるそうである。

そして和歌山県の「和歌」は、五七五七七の「和歌」なのだ。そんなことも知らず、日本人として生きてきたことが、恥ずかしくも感じられる。

池に浮かぶ石の島は「蓬莱島」。中国の神仙思想において、修行により不老不死になった仙人が住む

六義園の煉瓦造りの正門から中へ。ほかに駒込駅に近い「染井門」もある

とされる神仙島のひとつで、不老長寿の願いを込めて造られたもの。さらに木々をかき分け進んだ先には、あずまや「滝見茶屋」に「つつじ茶屋」。そして園内でいちばん高い築山（人工の山）藤代峠、標高35メートル。ここに立ち、園内を見渡してみる。

――なんという絶景。池を囲み緑の山と木々が連なり、まるで一枚の絵画のよう。景色の奥にはビル街も見えるが、そこまで含めて池が風景を鏡のように映し出し、本当に美しい。ちなみに和歌山県の和歌の浦の対岸には「藤白坂」が延び、上りきった場所の「御所の芝」から和歌の浦全体を見渡せるとか。藤代峠はその藤白坂に見立てて造られたそうだ。

やはり和歌にちなんだ石橋「渡月橋」を渡り、浜辺を再現したという「出汐湊（でしおのみなと）」を横目に、園内をほぼ一周。内庭大門に戻るころには、気分も晴れ晴れとリラックスしていた。庭園散策に和歌の世界なんて、自分には豚に真珠と思っていたが、歌の一首でも詠んでみようかという気分になったから（詠まなかったけど）不思議である。

明治以降の波乱を乗り越え、現在へ

柳沢吉保は元の名を保明（やすあきら）と名乗ったころもあったが、綱吉の寵愛を強く受け「吉」の字を授けられたと言われる。そして綱吉は六義園を気に入り、58回も来園したそうだ。

吉保が六義園の造園を始めたのは元禄８（１６９５）年。広さこそ2万７０００坪と広大だが、平坦にすぎる土地に丘を築き、池を掘り、完成まで実に7年の歳月を要している。

完成前年の元禄14（1701）年には綱吉の生母・桂昌院が来園。侍女や大奥の女中、子どもなど100人以上を引き連れての来訪を、柳沢家は総力を尽くして歓迎した。園内にさまざまな店を出し、庶民の街角を再現。子ども向けに玩具屋、女性向けには頬紅やかんざしを売る店を出し、大いに喜ばれたとか。そんなキメの細かさを綱吉に気に入られ、大出世をとげたのかもしれない。

しかし、大名庭園華やかりし時代も明治維新により終わりを告げる。柳沢家は7代保申（やすのぶ）のときに時代が明治に変わり、土地は新政府に召し上げられ、173年にわたる柳沢家庭園としての六義園は終焉した。そして明治11（1878）年には三菱財閥の創始者・岩崎彌太郎がこの地を手に入れ、六義園に岩崎家別邸を構えることとなる。

江戸時代も後期になると、大名庭園の多くは荒廃していたそうだ。だが六義園については、岩崎家が園内を整備して「滝見茶屋」「つつじ茶屋」も建て再興、往時の美しさを取り戻した。大泉水に浮かぶ蓬莱島も、このとき岩崎家が配したそうだ。

紛糾する時代の中で、歴代岩崎家の当主はこの庭園を見て、何事につけ憂えて高ぶる気持ちをおさめたとか。一方で日露戦争勝利の際は、東郷平八郎連合艦隊司令長官を頭とする将兵6000人を招待し、大規模な祝勝会が行われた。

昭和13（1938）年、当時の岩崎家の当主・久彌は六義園を東京市に寄付。以後は一般公開されるようになり、戦争の被害を受けることもなく戦後そして現在に至るまで、造園時の美しい風景を保ち続けている。

岩崎家が買い取り再興したおかげで、今も貴重な大名庭園を愛でることができるわけだが、祝勝会のあたりは本来の和歌の心と少々そぐわない気も。この辺は意見が分かれるところだろう。煉瓦外壁は岩崎家が造らせたものではないそうだが、明治以降の近代化の象徴であり「大名」の二文字には合わない気もする。それでも時代が明治に変わり、幕政時代のものが否定され壊されていく中で、大名庭園というものが残ったのは大きな意味があるのだろう。

現在も都内に「庭園」として残る大名庭園は、ほかに**小石川後楽園**と**浜離宮恩賜庭園**が有名だ。新宿の戸山公園も、「東京23区内で山登り」の行動計画で紹介したように、かつての尾張徳川家の「戸山荘」跡で、当時の広さは13万坪と大名庭園でも最大級の規模を誇っていた。今は庭園としての面影は薄いが、山手線内最高峰の箱根山と、あわせて訪ねてみるのもいいだろう。

六義園については和歌の風雅を具現化した吉保の時代か、それとも祝勝会を行った近代化明治か、どちらがふさわしいかは歩いて確かめてみよう。感じ方もさまざまだろうが、単に「きれい」以上の何かが、胸に去来するに違いない。

「大名もつらいよ」ということで、中間管理職の悲哀に自らの半生を重ね合わせるのも一興。また江戸から明治へ大きく動いた「時代」に思いを馳せつつ、絵画と見まごう庭園を愛で歩く。「気持ちいい」だけにとどまらない、そんなおとなの庭園散策を、ぜひ楽しんでみてほしい。

推奨する本計画の類例

【小石川後楽園（文京区）】

東京ドームに隣接して広がる庭園で、江戸時代初期の寛永年間（1624 ～ 1643 年）に水戸徳川家の初代徳川頼房が造り始め、２代光圀つまり水戸黄門が完成させた。池を中心に築山や橋、滝などを配した回遊式築山泉水庭園で、園内の至るところで情緒豊かな中国趣味を堪能できる。これは光圀が明の遺臣・朱舜水（しゅしゅんすい）の意見により、橋や湖などに中国の風物を取り入れたから。ちなみに「後楽園」の名も、中国の范仲淹（はんちゅうえん）が著した『岳陽楼記』の一節「先憂後楽（天下の憂いに先立って憂い、天下の楽しみに遅れて楽しむ）」から名付けられ、光圀の政治的信条が反映されている。六義園の優美な趣とはまた違う、江戸初期の貴重な庭園である。

【浜離宮恩賜庭園（中央区）】

新橋と浜松町の間、海に面して広がる大きな庭園。４代将軍・家綱の弟で甲府宰相の徳川綱重が、海を埋め立てて別邸を造ったのが始まり。その後、綱重の子・綱豊（家宣）が６代将軍になると、将軍の別邸となり「浜御殿」と名前を変え改修整備された。園内には鴨場と茶屋を設けて将軍家の行楽や接待にも使われ、江戸城の出城という役割も備えていたとか。明治時代になると皇室の離宮となり、名前も「浜離宮」に変更。関東大震災と第二次大戦で、建築物や樹木の焼失もあったが、江戸時代に造られた鴨場などが残り往時を偲ばせる。海も一望できて、まさに都心のオアシスと呼ぶにふさわしい。

行動計画

No.8

大実業家・財閥の栄華を偲ぶ

時代を切り拓いた財界人の偉業を、目で見て感受する

実例　旧古河庭園（北区）

予算　★

銅山王の3代目が築いた豪邸と庭園

前行動計画の六義園から本郷通りを北に進み、駒込駅を過ぎた先にさらにもうひとつ、贅を尽くした庭園がある。

旧古河庭園。ここもまた、国の名勝に指定された名園だが、六義園とは違い大名庭園ではない。この地に庭園を造ったのは、明治以降に名をはせた実業家である。

まず庭園がある場所に、元は陸奥宗光の邸宅があった。だが宗光の次男・潤吉が、古河財閥の創業者である古河市兵衛の養子となり2代目当主として古河家を継いだため、この場所も古河家の所有となった。

市兵衛はもともと奉公人だったが、京都の豪商・小野組で生糸の買い付けをしていた古河太郎左衛門の養子となり、以後商才を発揮し、実業界で頭角を現す。足尾銅山に投資して成功し「銅山王」と呼ばれ、渋沢栄一ほか巨星との縁も深め、その地盤を固めた。

一方で市兵衛には子がなかったため、陸奥家から潤吉を養子に迎えた。陸奥宗光と渋沢栄一は盤石の盟友関係にあり、その陸奥家と縁戚関係を結んだわけである。

しかし、潤吉はその後、35歳の若さで病死してしまう。再び後継者を失いかけた市兵衛だが、実子がないわけではなく、実は側室との間に生まれた息子、虎之助がいた。潤吉の逝去により留学先の米国から呼び戻された虎之助は、3代目当主として古河家を継いだ。

そのころに第一次大戦が勃発。戦争による好況を受けて、古河家は古河銀行を設立するなど事業を拡大し、のちに十大財閥のひとつとなる「古河財閥」へと発展していく。そして大正6(1917)年に、この地に洋館を建て洋風庭園を造営。2年後の大正8(1919)年には日本庭園も造られ、現在の古河庭園の基礎ができ上がった。

潤吉の死という不幸はあったものの、順風満帆の成長を続ける古河家。庭園はその栄華の象徴ともいうべき存在に思われるが……その後古河家は、さまざまな時代の波に翻弄されていくことになる。

洋館と洋風庭園、和風庭園の調和

敷地内に入ると、華やかなバラ園が目に留まる。4月から6月にかけて春バラが、そして10月から11月には秋バラが咲くとのこと。ほかに春のサクラ、ツツジ、秋の紅葉も人気だとか。バラ園にはたくさんのご婦人がいて、熱心にバラを観賞している。

このバラ園がある一角が、旧古河庭園の見どころのひとつである洋風庭園。設計者は鹿鳴館やニコライ堂を手がけたことで知られる、イギリスの建築家ジョサイア・コンドル。庭園の設計には、当時イギリスで流行していたビクトリア朝の様式を取り入れている。

今見ても日本離れした印象を受けるこの庭園が、大正時代の日本に造られていたことにまず驚く。そして左右対称の幾何学模様に緑を配したバラ園は、花に興味がなくても一見の価値あり。

とりあえずご婦人たちの隙間からバラを愛でつつ、バラ園を一周。庶民とはケタ外れの財を築いた財閥の財力を実感しつつ、先へ進む。

洋風庭園に隣接して、贅を尽くした洋館がそびえている。こちらの設計もコンドルで、イギリス貴族邸宅の様式を取り入れた、精密な煉瓦造りが素晴らしい。

さっそく中へ――と思ったら、見学は事前予約制でこの日は入れず（空きがあれば当日でも入れるそう）。内部は賓客を迎える1階が洋風建築で、普段の生活に使われた2階は和風建築。ともにほぼ中央に大きなホールがあり、ホールを囲んで1階は応接室に書斎、ビリヤードを楽しむ撞球室に大小の食堂などがある。家紋を入れたステンドグラス、漆喰レリーフなどの装飾が素晴らしいそうで、次は予約を入れた上で「豪邸拝見」を楽しんでみたいものだ。

バラ園を抜け、緑に覆われたスロープを下ると景

旧古河庭園入口。激動の100年を生き抜いて、実業家の偉業を今に伝える

色は一転、和の情緒あふれる庭園が目の前に広がる。大きな池の周辺に滝や灯籠を配した日本庭園は、京都の庭師・7代目小川治兵衛が作庭したもの。小川家は宝暦年間（1751～1763年）から伝わる由緒正しい作庭の家柄で、当主は代々「小川治兵衛」の名を受け継いできたそうだ。7代目はほかに平安神宮外苑など数々の名園を造り、自然の景観と躍動的な水の流れを調和させた作庭は、名人の技というほかない。

洋館と洋風庭園だけだと（それだけでも凄いのだが）ブルジョワ風味が勝ちすぎるきらいもあるが、ここに和風庭園が融合することで、庭園全体の風格が引き締まる。戦争の被害も受けず、大正当時の姿を今に伝える貴重な庭園として、国の名勝に指定されたのも当然といえるだろう。

だがしかし、洋館と庭園の造営に力を注いだ3代目当主・虎之助が、この豪邸に住んだ期間は10年にも満たなかった。

続かなかった栄華と幸せの日々

洋館が完成した大正6（1917）年から、虎之助は夫人と共にこの場所に住み始めた。初代の市兵衛と同じく子に恵まれなかった虎之助は養子を迎え、市太郎と名付け、それは可愛がったそうだ。だが、大正10（1921）年に市太郎が避暑先で病に罹り、急死してしまう。

2年後の大正12（1923）年に関東大震災が発生。被害を免れた古河邸には避難者が押し寄せ、虎之助は邸内を開放し500人以上を収容したそうだ。同時期に足尾銅山の労働争議が起こり、炭鉱夫の家族が大勢この場所に押しかけ直訴する事態も起こっている。

豪邸に住んでも、虎之助は心の平穏を得られなかったのかもしれない。結局、大正15（1926）年に虎之助はこの家を出て、牛込若松町の質素な家に転居。皮膚病を患い、昭和15（1940）年にこの世を去った。享年53。以後この邸宅はもっぱら、要人接待の迎賓館として使われた。

昭和に入り満州事変が勃発すると、軍需景気が起こり、古河財閥も活況を呈する。そして太平洋戦争勃発。洋館は陸軍将校の宿舎として接収され、さらに東京大空襲。洋館、庭園とも被害は免れたが、終戦後に古河家は財閥解体の指定を受け、屋敷と庭園は国有財産となった。さらに公職追放処分も受け、一時代を築いた古河財閥は終焉した。

昭和30年代に入ると庭園は公園として一般開放。洋館はしばらく放置され「お化け屋敷」とも言われたが、1980年代に都の名勝指定を受けると修復され、往時の姿に戻った。

予備知識のないまま「昔の財閥の豪邸と庭園」として訪ねれば、ただ豪華さに圧倒されて終わるだろう。だがその実績を正しく知ることで、邸宅と庭園が日本の近代化の基礎を築いた者だけが得られる、偉大なる結晶であることを実感するはずだ。

一方で旧古河庭園については、戦前戦後の激動の歴史を知るほどに「やるせなさ」に近い感情も湧く。時代を担う成功を収めながら、贅を尽くした邸宅におけるくつろぎの時間は、けっして長くは続かなかった。限られた一生の中で、人が追い求める幸せとは何なのだろう、そんな切ない思いも去来する。また一方で、類まれなる才覚で築き上げた財と邸宅が、結局はお役所の管轄下に入ってしまったことも腑に落ちない。

「財閥」が築いた豪邸と庭園は、戦争を経て「財閥解体」により、最後には国や東京都の管理下に収まった。

財閥とは、そして財閥解体とは何だったのか。近代国家の基礎を築いた彼らも結局は、時代に利用されただけだったのか。豪華で広大な庭園をめぐり、そんな無常感も覚えた。

まあ感じ方は人それぞれだと思うので、とにかく軽く下勉強してから、都内に残る同様の庭園に出かけてみてほしい。自身の人生と重なり部分も必ずどこかにあり、それによってさまざまな思いをめぐらせ、今後の人生の過ごし方を考えるのも悪くないだろう。

余談だが、六義園と旧古河庭園の間の本郷通りから、途中で「霜降銀座」商店街が枝分かれする。「霜降銀座」はその先で「染井銀座」に続き、さらに「西ヶ原商店街」へと続くのだが、これがもう長い長い！　庶民と無縁とも思える豪華な庭園を見たあとに、商店街を冷やかしてギャップを楽しむのも面白い。とにかく庭園めぐりと合わせれば、この界隈で一日をたっぷり過ごせるのは間違いない。

推奨する本計画の類例

【旧岩崎邸庭園（台東区）】

三菱財閥岩崎家の３代目社長・岩崎久彌（岩崎彌太郎の長男）の本邸宅として、明治29（1896）年に造られた。完成当時は１万5000坪を超える敷地に20棟以上の建物があったが、現在は３分の１の敷地となり、洋館と和館、撞球（ビリヤード）室が残っている。イギリス・ルネサンス様式の洋館の装飾には、17世紀のジャコビアン様式が見られ、完成当時の和館は550坪もの広さ。撞球室はスイスの山小屋風の造りで……と、とにかく庶民とはケタ外れた豪邸であったことは間違いない。しかし、戦後はＧＨＱに接収され、返還後は古河庭園と同じく国有財産となった。またも私人の努力の結晶が国の物に――。スケールの違う邸宅を見ればとりあえず、男なら誰しも心に眠る野心をかきたてられるだろう。

【渋沢史料館と旧渋沢庭園（北区）】

日本経済の父・渋沢栄一は、幕末に武蔵国（現在の埼玉県）に生まれた。時代が明治に変わる寸前に、幕府使節の一員としてフランスを訪ね、パリ万国博覧会で大きな感銘を受けて帰国。その後はその経験を活かして、第一国立銀行創立に始まる500社にも上る株式会社、銀行の設立や経営指導に関わり、近代日本経済の基盤を築いた。その邸宅があった場所に現在は飛鳥山公園があり、公園内の史料館（旧邸宅跡に建った）と庭園で、その活躍を偲ぶことができる。戦前から残る洋風茶室「晩香廬（ばんこうろ）」なども見られるが、史料館で常設展示される、実業界構築の数々の実績がやはり圧巻。これまた「明治」という時代を切り拓いた偉人のスケールの大きさに、感服せずにいられない。

行動計画

No. 9

文化人、巨匠の邸宅を訪ねる

作家の残像を感じ取り、作品に重ね合わせる

実例　山本有三記念館（三鷹市）

予算　★

広々とした敷地に建つ瀟洒な洋館

豪邸そして洋館であることに驚いた。『路傍の石』『米百俵』のイメージから、古びた和風家屋を勝手に想像していたが。

ＪＲ中央線三鷹駅から玉川上水沿いに歩くこと10分、閑静な住宅地の一角に、作家の山本有三氏の旧宅でもある**山本有三記念館**がある。煉瓦塀に三角屋根、煙突がそびえる洋館は、戦前の建物とは思えないほど洗練されていて、この屋敷で『路傍の石』を執筆したと聞いても、意外な気分も少々。そして前庭に置かれた大きな石は、もしかして「路傍の石」？

この石は有三さんが『路傍の石』執筆当時の昭和12（１９３７）年に、中野旧陸軍電信所付近の道端で見つけ運び込んだのが、いつしか「路傍の石」と呼ばれるようになったそうだ。イメージする「路傍の石」はもっと小さいが、その大きさに微笑ましさも感じられる。しばし石を眺めたあと、記念館の中へ。

展示室に使われている1階の広間は、天井が高くて開放感にあふれている。そして部屋の一角には暖炉があり、その前に椅子が数脚。暖炉の前でくつろぐ家人の残像が、うっすら見えてくる。窓から陽光が降り注ぎ、窓の外には緑が茂り、風に揺れている。

広間の隣は、アーチ窓が連なる洒落た小部屋で、有三さんの長女の部屋だったそうだ。ロマンチックな部屋に、女の子ならさぞかし喜んだことだろう。

「豪華な洋館」のイメージは早々と消え、代わりに「ぬくもり」を感じた。暖炉の温かさ、降り注ぐ日差し。そして長女にオシャレな部屋をあてがった父の想い。この家で『路傍の石』を書いたのかと、合点がいった。

戦前戦後の激動を経て、現在へ

山本有三さんは明治20（1887）年、栃木県生まれ。東京帝大在学中に戯曲作家としてデビュー後、長編小説『生きとし生けるもの』『真実一路』を連載する。そのころまでの住まいは武蔵野村（現：武蔵野市）吉祥寺。だが家族が増えて家が手狭になったのと、執筆に適した環境を求め昭和11（1936）年、静かな雰囲気の三鷹村（現：三鷹市）下連雀の洋館に移り住んだ。

この邸宅を建てたのは有三さんではなく、貿易商の清田龍之助という人だったそうだが経歴は不詳。そして建物の外観は、1階部分と2階部分を異なる仕様で仕上げていて、それは大正時代の洋館建築に流行った様式だそうだ。帝国ホテルの設計者として来日した、アメリカの建築家フランク・ロイド・ライトのデザインの影響も見られ、とにかく日本離れした豪邸であることに間違いはない。

有三さんはこの邸宅に、妻と4人の子ども、母と一緒に暮らした。落ち着いた環境のおかげか執筆も精力的で、ここで『路傍の石』や『米百俵』などの代表作を書いている。また子どものために「ミタカ少国民文庫」を開設するなど、さまざまな活動を行った。

だが世の中が戦争に向かい、小説にも検閲が入り始める。連載中だった『路傍の石』も、社会主義者を登場させたことで厳しいチェックを受け、ついに昭和15（1940）年に執筆中断。その後も続きが書かれることはなく『路傍の石』は未完のまま終わっている。

戦後の昭和21（1946）年、邸宅は進駐軍に接収され、有三さんは家族と共にこの家を出た。結局、三鷹のこの家に住んだのは10年間ほどだったが、ここで作家としての円熟期を迎えたことは間違いない。自然豊かで穏やかなこの場所について、有三さんは後に「三鷹は私にとって忘れがたい土地である」と語っている。

戦後の有三さんは、国語を国民に広く浸透させるため「ふりがな廃止」「憲法口語化」など国語問題に

記念館は本格的な洋風建築。石を自然に積み上げたような煙突が印象的

取り組んだ。また昭和22（1947）年には参議院議員選挙に出馬して当選、政治家として国語教育の底上げに尽力している。

邸宅は接収が解除され、国立国語研究所三鷹分室となる。一方で有三さんは湯河原に転居し、三鷹の土地と建物を東京都に寄贈。その後建物は都立教育研究所三鷹分室「有三青少年文庫」として開館した。

そして80歳を超えて有三さんは久々に筆を取り、朝日新聞に小説『濁流』の連載を始めたが……翌年の昭和49（1974）年1月に86歳で亡くなられた。

建物は三鷹市に移管され、その後「山本有三記念館」となり、現在に至っている。

頑固な風貌の奥に、子どもへの優しい眼差し

『路傍の石』は少年・愛川吾一の半生を綴った作品である。成績優秀ながら、経済的な事情から旧制中学に進学できず、辛い奉公生活を余儀なくされる。そして大切な母の死に加え、上京したものの数々の試練が吾一に降りかかるが、それでも念願だった「文字を扱う仕事」に就き、出版業を目指していく。吾一を道ばたに転がる石に例え、劣境に抗い努力を重ね続ければ夢はかなうことを、物語は切々と伝えている。

この作品のどこが検閲に引っかかるのか、社会主義者の登場が理由だと聞いても、現代の感覚ではまったく理解できない。当時は国民の人生は「お国」のもの、国に捧げて当たり前。自分の

夢を持つとは何事かという時代に、この内容はそぐわなかったのかもしれない。

記念館の2階はいくつかの小部屋に分かれ、さまざまなテーマで展示がされている。やはり作品関連の展示の印象が強く、『路傍の石』『米百俵』だけでなく意外にも、サスペンス仕立ての作品を残しているのが興味深い。昭和5（1930）年10月から、朝日新聞に掲載された小説『風』。タクシー運転手が夜道で、車のパンクを直している間に、乗せていた客が死んでしまう。だが警察に行っている間に死体が消えて……こんな作品も書かれていたとは、何やらお宝発見の気分。探して読んでみたいものだ（中古品をネットで買える様子）。

同じく2階には書斎の復元も。畳敷きの和室の中央に机が置かれ、ペンが並ぶ傍らに湯飲みもあり、和服姿で執筆する有三さんの姿が見えてくる気がする。ここで『路傍の石』や『米百俵』を執筆したのだなあと想像するのも、ファンには楽しいだろう。

一方で「ミタカ少国民文庫」開設に代表される、子どものための活動も印象に残る。戦争で本を読めなくなる子どもたちのために、邸宅に本をそろえて子どもたちに開放。ほかに少年少女に読ませたい本を「日本少国民文庫」として編纂し、その中の一冊が最近話題の『君たちはどう生きるか』である。さらに戦後は小学校の国語教科書の編集も行うなど、子どもの国語教育に力を注ぎ続けた。幼少時に優れた本を読むことの大切さを、誰よりも強く感じていたに違いない。

『路傍の石』における吾一少年に対する描写にも、有三さんの優しさを感じて止まない。確かに吾一少年には次々と苦難が降りかかるのだが、一方で「人生は辛いものだ。でも負けるな」と有三さんがエールを送っているようにも感じられる。邸宅に集まる少年少女たちに、架空の吾一少年の姿を重ね合わせて見ていたのではないだろうか。

晩年の有三さんの写真は、丸眼鏡をかけた和服姿のものをよく見る。笑顔ではなくむしろ、苦虫を噛みつぶした「頑固オヤジ」を思わせる風貌だが、不思議と奥底から温かさが伝わってくる。そして展示の中には、子どもたちと一緒に「父の顔」で収まる写真も。

温かさを感じる家。その印象は記念館を後にするまで、変わることはなかった。

都内にはほかにも、作家がかつて暮らした邸宅を利用した、記念館や博物館がいくつかある。もちろんそれぞれが瀟洒なお屋敷であったり、風情豊かな古民家であったりと、建物自体の見応えが十分にある。

だがそうした場所を訪ねたら、単なる「お宅拝見」で終わらずに、建物や展示の随所ににじみ出る作家の内面をぜひ感じてほしい。作家がかつて暮らしたその場所には必ず、その本人が醸した微妙な空気感のようなものが染みついている。そしてその空気感は、作家が遺した作品の根底にも必ず流れている。

作品と邸宅に共通してにじみ出る、作家のナイーブな内面性を感じ取ることで、邸宅訪問は深みを増す。作品の「行間」を読み取るのと同じように、作家の住まいにもかつて本人が暮らした残像を感じ取ることで、僕らの感性も磨かれるのではないだろうか。

推奨する本計画の類例

【林芙美子記念館（新宿区）】

『放浪記』や『浮雲』で知られる林芙美子さんだが、少女時代は貧しかったそうだ。テキ屋の実父は小金を儲けた途端に愛人を作り、芙美子さんは母と番頭（後に養父）とともに北九州の炭鉱町を行商して回る日々。養父が会社を興すものの倒産、上京して一緒に暮らした男もＤＶが絶えず……とドラマ顔負けの人生を歩んだが、20代後半で『放浪記』のヒットで大逆転！一躍人気作家となった芙美子さんは、新宿の下落合に豪邸を建て、そのお屋敷が記念館として一般公開されている。原稿を取りにくる編集者を待たせる客間より、茶の間や風呂や台所など生活の場のほうが豪華など、人間味あふれる邸宅は探訪の価値十分。緑豊かな坂道沿いに立つ旧宅に、女の意地と情念をヒシヒシと感じるかも？

【横山大観記念館（台東区）】

近代日本画の巨匠・横山大観さんが住まわれた旧宅も、やはり記念館として一般公開されている。邸宅が立つ上野池之端も開発が進み、辺りは新しいビルだらけ。そんな中にさりげなく立つ木造２階建ての日本家屋は、そこだけ時間が止まったかのような印象を与えて止まない。屋敷が建ったのは大正８（1919）年。東京大空襲で焼失したが再建され、自宅であり画室でもあるこの邸宅で、横山さんは90歳で亡くなるまでを過ごされた。簡素だが品格漂う邸内と、手入れをしすぎず野趣あふれる庭園は、横山さんの実直な作風に相通ずるようにも感じられる。貴重な文化財でもある邸宅内では、カメラも携帯も使用禁止。スマホを振りかざすようなはしたない真似は、おとなとしてぜひとも慎んでほしい。

行動計画

No. 10

文豪を気取って、小エロ文学散歩

おとなの粋と色気を忘れない

実例　『濹東綺譚』の舞台・墨田区東向島（旧玉の井）

予算　★

50代後半にして衰えぬ、恋愛欲を学ぶ

小説家・大江匡（ただす）は新作『失踪』の原案を練っていた。登場人物の種田は50代で職を辞し、退職手当を受取った足で失踪。若い女給・すみ子のアパートに身を寄せて――。

大江は種田の潜伏場所を、本所か深川か浅草の外れにしようと考え、雷門に下見（今でいうロケハン）に出かけた。そこへ玉の井行乗合自動車が来たので乗った。

踏切の手前で降りた。東武鉄道玉の井停車場から、前年まで京成電車が走っていた土手を越えると、そこは玉の井の盛り場。ネオンサインの光が輝き、商店がひしめく隙間の路地口に「ぬけられます」「オトメ街」「賑本通（にぎわいほんどおり）」などと書かれた明かりが灯っている。

郵便箱が立つ路地口の煙草屋で煙草を買っていると突然雷が鳴り、夕立が降ってきた。傘を持っていた大江は、慌てることなく傘を広げる。すると。

「檀那。そこまで入れてってよ」

と言って、いきなり後ろから、傘の下に女が真っ白な顔を突っ込んできた――。

夏の夜の私娼街・玉の井で大江は、傘に入ってきた娼婦・お雪とねんごろな仲になり、その後も玉の井に通い続ける。だが夏が過ぎると共に、ふたりの逢瀬も消えるように終わった。永井荷風が玉の井を舞台に描いた代表作『濹東綺譚』である。

作中の大江は50代後半、そして執筆当時の荷風は56歳、お雪は26歳。日記『断腸亭日乗』によ

れば、荷風自身も玉の井に通い、心を寄せた女性がいたらしい。『濹東綺譚』は荷風の自伝的小説と見ていいだろう。

永井荷風は明治12（1879）年生まれ。20代で作家としての地位を確立するが、二度の離婚を経て40代後半から、銀座のカフェーに出入りし始める。そこで女給や私娼への興味が芽生えたらしく、昭和11（1936）年に56歳で『濹東綺譚』を執筆。翌年に単行本が出版された。

作中では私娼街・玉の井の様子が丹念に描かれている。当時の私娼街は銘酒屋街とも言い、東京下町ではもともと浅草にあったが、関東大震災で壊滅。そこで働く数多くの女たちが玉の井に移り、新たに銘酒屋街がつくられた。

全盛期の玉の井は、500軒前後の銘酒屋が並び、女性も1000人ほどいたそうだ。東武鉄道の玉ノ井駅もできて、男たちは夜な夜な列車で繰り出したとか。

路地が入り組む一帯を、荷風は「ラビラント（迷宮）」と呼び、彷徨を楽しんだ。作中で大江は、私娼街をブラついても怪しまれないよう、履き古した古ズボンに下駄をつっかけて出かけている。荷風もそんなファッションでブラブラしたのだろうか。

それにしても当時の50代後半は、中年どころか老人だ。それが20代の娘の元に通い、しかも作中での大江の恋愛欲は旺盛で、老人の雰囲気は微塵も感じさせない。荷風本人もそうだった、というかそれ以上だったらしい。『濹東綺譚』執筆前年の『断腸亭日乗』に「玉の井見物の記」という章があり、品定めした女性の特徴がズラリと書き連ねられている。

「生まれつき淫乱にて」「尺八専門なり」「曲取（異常体位の性交）の名人なり」などなど、お盛んな現役ぶり。『濹東綺譚』はズバリそのものの描写こそないが、全編に漂う艶っぽさに悶々としてしまう。戦前という堅苦しい時代に、こんな風に日夜女性のことばかり考えていた爺さんがいたかと思うと、同じ男として励みになり嬉しい。

そんな荷風の「男っぷり」にあやかるべく、物語の残像を追い、玉の井を歩いた。

景色の「照らし合わせ」より、荷風の「気まま」を気取って

水戸街道を浅草方面から北東に進むと、東向島で明治通りと交差する。水戸街道は「改正道路」として、また明治通りも「白髭橋から亀井戸の方へ走る広い道」として作中に登場するが、今は交通量が多く、荷風の世界に浸る感じでもない。

それでも水戸街道を進むと、東武鉄道の高架が頭上を横切る。大江は踏切の前で乗合自動車を降り、玉の井へと迷い込んだ。脇道を見つけ、大江に倣って迷い込んでみる。

東武博物館が立ち、古い列車が展示されている。通りに「東向島粋いき通り」の名がついているが、「粋」と「イキイキ」をかける今どきの「街づくり」ときたら——。その先に、東武伊勢崎線の**東向島駅**がある。わりと最近（昭和62年／1987年）まで「玉ノ井駅」だったが、風俗街のイメージが強いからか改称されてしまった。駅周辺は、昔は寺島町といったが、今は墨田区東向島。駅西の「第二寺島小学校」に、寺島名義が残るくらいか。

ここで道ばたに花壇？　花が咲き、紫色の実も成って……ああこれ、茄子だ。

寺島町で昔作っていた「寺島茄子」が、江戸野菜復活の流れに乗り、道ばたで栽培されている。住所から消えた「寺島」の名が、意外な形で残っているわけだ。

線路沿いを北に進む。途中で京成線が横切っていたはずだが、今や痕跡は見られない。

昭和3（1928）年からたった8年間、玉の井経由で向島と白鬚橋を結ぶ「京成白鬚線」が通っていた。だが集客は今ひとつだったのか『濹東綺譚』が書かれる前年に廃止された。作中では大江が京成線跡の土手を上って下りた先に、玉の井のネオンがきらめき、そこでお雪と運命の出会いを果たすのだが。今は跡地に立つのはカラオケ「ビッグエコー」。

道は線路下を横切る「大正通り」と交差。作中でも「大正道路」は頻繁に登場し、通り沿いが銘酒屋

東向島駅前。かつてはこの辺りを、京成白鬚線が通っていた

街だった。今は「いろは通り」となった大正通りを進む。

店も人通りも少なく、銘酒屋が500軒あった残像は感じられない。もっともこの辺は東京大空襲で壊滅したから、道筋も当時とは違うのだろうけど。とりあえず作中に出てきた「そこにあったはず」のものを思い浮かべつつ、進んでみる。

「向島劇場」脇を過ぎ「伏見稲荷」があった場所へ。稲荷の脇に流れる溝（どぶ）沿いにお雪が暮らす家があった。溝のせいで蚊が多く、大江の額にとまった蚊をお雪がピシャリと叩く一節は、二人の色恋を象徴する名場面である。

続いて寄席「玉の井館」があった場所へ。その建物は戦火を免れ、つい最近までスーパー「グルメシティ」として利用されていた。さらに水菓子屋があった角で右折、途中の「中島湯」を思いつつ、中華料理屋「九州亭」があった角でまた右折。ここからの道は作中で「賑本通」として登場し、繁華街だったそうだが、やはり今は寂れている。この道沿いに、大江とお雪が出会った「郵便箱の立っている路地口の煙草屋」があったはずだが、今は普通に家が立つだけ。雨でも降れば、傘に白い首を突っ込む、お雪さんの姿が思い浮かぶのだろうか。

というわけでひと回りして、横町の路地の入り組み具合に「ラビラント」は感じたが、少々歩き足りない。線路沿いの道をブラブラ北へ、気ままに歩く。すると道がどんどん狭くなり、途中で路地があらぬ方向に分かれ、適当に進んだら迷ってしまった。

でも途中に戦前のカフェーを思わせるタイル貼りの建物や、枯れた雰囲気のスナックがあり、これはこれで面白い。気の向くまま歩いてみる。

二度の離婚を経て、荷風は麻布の一軒家にひとりで暮らし、結婚はしなかった。そして玉の井など私娼街を訪ねては、旅人気分でぶらり散策を楽しんだ。その「気ままさ」こそがおとなの粋。物語の後追いに縛られず、自分ならではの「ラビラント」を開拓して歩く「気ままなおとなの散策」もいいものだ。

とはいうものの本当に迷ってしまった。駅はどっちだ？　足が進むに任せブラブラ歩くと……突然いろは通りの、寄席があった場所の前に出た。

ぬけられた。

戦後になると荷風さんは顔が知られ、気ままな散策も楽しめなくなったそうだ。

見知らぬ街を探訪する「街歩き」は、「匿名の個人」になれる愉しさがある。その街では誰も自分を知らない。だから干渉されず、気ままに歩ける。『濹東綺譚』の街歩きが教えてくれることは、作中の場所と現在を照らし合わせる「作業」ではなく、異邦人となる自分を楽しむ「おとなの街歩きの粋」ではないだろうか。さらに粋を究めるなら、蒸し暑い夏に、下駄で歩くのも一興だろう。

荷風は昭和34（1959）年に79歳で没した。亡くなる数時間前に、行きつけの食堂で好物のカツ丼を食べ、お銚子もつけたそうだ。

色を好み、洒落を愛し、最期まで粋に生きた人生。見習いたいものである。

推奨する本計画の類例

【『痴人の愛』の舞台・花月園（横浜市）】

谷崎潤一郎の代表作そして、耽美主義文学の傑作『痴人の愛』。主人公のサラリーマン・河合譲治は、カフェで見初めた美少女ナオミを自分好みの女性に育て上げるが、妖艶さを増すナオミの肉体に譲治は幻惑され身を滅ぼしていく。倒錯的な物語の中で、譲治がナオミとダンスを踊る場面が何度も登場するが、そのダンスホールがあったのが横浜の花月園。大正３（1914）年に開園した花月園は、ダンスホールのほかにホテルも備えるおとなの遊技場で、開園時は東洋一の大きさを誇ったとか。戦後は競輪場になったが2010年に閉場。今も京浜急行「花月園前」駅があり、園の跡地も残っている。駅前の枯れた商店街も味わい深いので、散策を楽しみたい。

【『原色の街』『驟雨《しゅうう》』の舞台・鳩の街（墨田区）】

玉の井銘酒屋街は東京大空襲で壊滅したが、戦後になると女性たちが近場に移り、再びできた色街が「鳩の街」。ここを舞台にした文学の代表作が、吉行淳之介の『原色の街』と、芥川賞を受賞した『驟雨』である。『原色の街』はサラリーマン元木と、鳩の街の娼婦あけみの悲恋を描いた作品で、あけみがいた娼家「ヴィナス」を軸に街の風景が描写されている。赤線として栄えた鳩の街だが、昭和33（1958）年の売春防止法により色街としては終焉。以後は普通の商店街になったが、今はさすがに古びて、シャッターを下ろした店も目立つ。赤線当時のタイル貼りの外壁やアーチ窓の跡が残るので、建築物を眺めつつ歩くのもいいだろう。

行動計画

No. 11

大江戸の事件現場を見に行く

歴史的事件の現場を知ることで、江戸時代を読み解く

実例	小伝馬町牢屋敷跡（中央区）、小塚原刑場跡（荒川区）、鈴ヶ森刑場跡（品川区）
予算	★

牢屋敷と刑場があった街、小伝馬町

オフィスビルが並ぶ街を、スーツ姿のビジネスマンが闊歩していく。車も多い。今や東京のオフィス街のひとつ、日本橋小伝馬町。だが、東京メトロ日比谷線小伝馬町駅出口正面には古い石碑が立ち**「傳馬町牢屋敷跡」**の文字が刻まれている。

大通りの裏手に、十思公園が広がる。公園には江戸時代に時刻を告げた「時の鐘」の鐘楼がそびえている。そして公園を中心とする一帯に、かつて広大な牢屋敷があった。

牢屋敷は慶長18（1613）年ころから、明治8（1875）年まで置かれた。ほぼ江戸時代全期を通じ、小伝馬町は「牢屋敷の街」だった。そして囚人を収監するだけでなく、処刑も行われて、多くが斬首刑だったそうだ。

幕末に勤皇志士96名も処刑され、そのひとりが吉田松陰。幕府の要人暗殺と討幕を企てたかどで収監され死罪に。安政の大獄の犠牲となり、松陰は30歳で、この地に果てた。

処刑は時の鐘が鳴るのを合図に執行されたが、執行時に遅れることが多かったという。処刑者の延命を思い、鐘を撞くのを遅らせたのか。江戸人の心意気も感じられるが、しかし処刑は結局、非情に決行された。

牢屋敷はなくなったものの、多くの罪人の命を吸ったこの土地に住む人もなく、跡地は公園にするしかなかったという。そして今もここは、公園のままである。

一方で江戸の北と南の入口、小塚原と鈴ヶ森に刑場が設置され、小伝馬町から市中引き回しを経て罪人が連行された。引き回しは見せしめの意味もあり、大勢の人が見物に群がりパレードのようだったという。

二つの刑場でも、やはり見せしめのため、衆人環視の中で残酷な処刑が行われた。

ビル街と化した小伝馬町に、牢屋敷跡の石碑がひっそりと立つ

二大刑場其ノ壱、小塚原

東京メトロ日比谷線の南千住駅南口に降り立ち、異様な駅前風景にあ然とした。頭上を数本の鉄道高架と車道高架が交差し、空をほとんど塞いでいる。空が見えない、息が詰まりそうな風景の一角に延命寺が立ち、境内に高さ3メートルほどの首切地蔵がある。

荒川区南千住2丁目。かつては宿場町・千住宿の一部で、日光街道から江戸に入る玄関口だったこの場所に慶安4（1651）年、**小塚原刑場**が設置された。

江戸に幕府が開かれると、各地から大勢の人が集まり都市化が進んだが、一方で犯罪者の流入も多かった。そのため幕府は江戸の入口に刑場を設け、あえて街道沿いで処刑を行うことで「罪を犯すとこうなるぞ」と流入者に知らしめた。

小塚原では主に磔刑、火刑、梟首《きょうしゅ》（獄門）が執行された。また後に『解体新書』を翻訳出版する杉田玄白らが、この地で刑死者の腑分け（解剖）に立ち会った。学術のための解剖だったが、残酷な死体切り刻みを一目見ようと、やはり大勢の見物人が集まったそうだ。

処刑された罪人の遺体は、埋葬されたものの土をかぶせる程度で、雨が降ると地面から手足が飛び出す有様だった。臭気が充満し、野犬やイタチが食い散らかす劣悪な状況。見かねて刑場の隣に寺院「回向院」が建立され、埋葬と供養を行った。のちに国鉄常磐線建設の際に移転分断され、路線の北が回向院に、南が延命寺となった。

ちなみに、鉄道敷設工事中の1998年、100体以上もの人骨が出土して大騒ぎとなった。人骨は頭部ばかりで、処刑で斬首された罪人のものと思われる。今もこの場所には多くの遺体が埋まっているのだろうか。

小塚原刑場では、20万人以上が処刑されたと言われている。

ループ橋を伝い駅の南側に出ると、普通の街景色が広がり、閉塞感から解放されホッとした……のも束の間。

「バカ野郎、フザけんじゃねえよ！」「殺すぞテメー！」

交番でわめき、ののしり合う中年の男たち。警官が「まあまあ」となだめているが、別方向を見るとやはり「なんだ、この野郎！」とわめく男が。酒に酔っているようだ。

ここは通称「山谷」、都内きっての ドヤ街。

ビルと高架に挟まれた隙間に、罪人を祀る延命寺がある

そして、わめく男たちを横目に南へ進むと、交差点に差し掛かる。信号の脇に「泪橋（なみだばし）」の文字。

かつてこの場所を流れる「思川」に「涙橋（泪橋）」が架かっていた。処刑場に向かう罪人たちが、橋を渡りながら涙を流したとも言われている。

「うるせえな、離せよ！」「このジジイがよお！」

罵声が響く。20万人の怨念が今も淀みとなって、街に溜まっているのだろうか。

二大刑場其ノ弐、鈴ヶ森

京浜急行の立会川駅から旧東海道を南へ進むと、途中に短い「浜川橋」架かっている。この橋もまた「涙橋」と呼ばれた。裸馬に乗せられ、**鈴ヶ森刑場**に向かう罪人を、橋のたもとで家族

山谷の泪橋交差点。かつて多くの罪人が、ここに架かる橋を渡った

親族が泣きながら見送ったそうだ。

さらに旧東海道を進むと、右手に「鈴ヶ森遺跡」の文字を刻んだ碑石が見えてくる。ここに鈴ヶ森刑場があり、街道沿いでやはり見せしめのため、残虐な処刑が行われた。

石碑のそばに、穴が開いた丸石「火炙台」が残っている。火炙りに使われた石だそうだ。穴に鉄柱を立てて罪人を縛りあげ、その足下に薪を積んで火を放ち、生きたまま焼き殺した。ほかに斬首した生首を洗った「首洗いの井戸」も残っている。

鈴ヶ森での処刑は、残虐を極めた。ほかに罪人を水上に逆さ吊りにして、少しずつ水の中に入れていく「水礫（すいたく）」や、大衆の眼前で、切れ味の悪いノコギリでゆっくり首を落とす「鋸刑」も行われた。

残虐な処刑を、江戸の人々は「ショー」として楽しんだ。市中引き回しや処刑の見物も、当時は娯楽だった。特に罪人が絶世の美女だと、見物人も多かったそうだ。

北のお伝、南のお七

処刑された美女といえば、小塚原は高橋お伝、鈴ヶ森は八百屋お七が思い浮かぶ。

お伝は同棲相手の放蕩者、小川市太郎の借財を返すため、古物商の後藤吉蔵に借金の相談を持ちかけた。「愛人になるなら貸す」と言われ一夜を共にしたが、吉蔵が「やっぱり貸さない」と言い出し、お伝は吉蔵の喉をカミソリでかき切って殺してしまった。

お伝は捕まり斬首され、小塚原に埋葬された。日本最後の打ち首女囚とも言われるが、定かではない。「毒婦」の汚名と共に語り継がれたが、献身的な女性だったとも言われている。

八百屋お七は大火で家を焼け出され、家族と一緒に寺に身を寄せた。そこで寺の小姓と恋仲になったが、家の修復と共に寺を出なければならなかった。

「火事になれば、また会える」。そう思ったお七は、実家に火を放った。ボヤで済んだが、放火は大罪。市中引き回しの上、お七は鈴ヶ森で火炙りになった。まだ16歳だった。

恋に狂い、罪に走った女の引き回しと処刑を見ようと、多くの見物人が詰めかけたそうだが、どんな心理で見に行ったのか。現代の感覚では、なんとも理解しがたい。

人の死をショーとして楽しんだ江戸時代は、

車が行き交う第一京浜国道沿いの歩道に、かつての刑場跡が残っている

不思議な時代だったといえる。「死刑を見てみたい」人が心の奥底に隠し持つ邪悪な願望を、堂々とさらけ出せた時代。社会の未成熟の表れか。何事にも忖度して本音を表に出さない現代のほうが、実は異常なのか。

時代が明治に変わると、衆人環視の死刑は行われなくなった。一方で「近代化」の名の下に軍備が増強され、日本は戦争へと向かっていく。問答無用で死刑が執行された江戸時代から、戦争による国民の死が正当化された明治時代へ。それは「近代化」だったのか。

江戸時代とは何だったのか。その後の近代化は正解だったのか。怖いもの見たさの見物にとどまらず、二大刑場跡を訪ねることで、時代を読み解くおとなの散策をしてほしい。

鈴ヶ森は心霊スポットとして話題になり、肝試しに出かける若者も多い。地蔵の首を破壊する罰当たりもいて騒ぎになったが、そんな破廉恥な行為だけはくれぐれも慎みたい。江戸ではさまざまな事件があった。その背後に潜む「時代」を知ることで、歴史の現場探訪が教養につながることだろう。

推奨する
本計画の類例

【松の廊下跡から泉岳寺へ】

『忠臣蔵』で有名な「松の廊下」跡地が皇居東御苑内にあり、碑石と案内板が立つ。正しくは「江戸城本丸　松之大廊下跡」。江戸城本丸の表御殿大広間から、L字型に白書院（将軍との対面所）に延びていた廊下で西に19メートル、北へ31メートル、幅は5メートル。襖戸に松並木が描かれていたため「松の廊下」と呼ばれた。ここで浅野内匠頭長矩が吉良上野介義央に切りかかったのは有名だが、理由は諸説あり。浅野が吉良に渡した心づけが少なかったからとか、赤穂藩の製塩法を教えてくれない浅野に吉良が意地悪したとか、意外にスケールが小さい？　内匠頭はキレやすい性格で、情緒不安定だったなんて説も。内匠頭と赤穂浪士を祀る泉岳寺とあわせて探訪したい。

【生麦事件跡】

幕末の文久2（1862）年、武蔵国生麦村（現・横浜市鶴見区生麦）で、薩摩藩主島津茂久の父である島津久光の行列に騎馬のイギリス人が乱入。下馬して道を譲るよう通告したが通じず、行列の真ん中を逆行する彼らに久光の供者が切りつけ、1名が死亡する殺傷事件を起こしてしまった。のちに「生麦事件」と呼ばれる一件は、開国後も残る大名制度と国際社会の不融合を象徴し、幕末の混乱が表面化した事件として記憶に残る。今となっては「国際常識に取り残された、前時代的な大名制度」の印象が強いが、当時の欧米では現地の習わしを踏みにじる、一部のイギリス人を非難する声も多かったとか。京浜急行の生麦駅に近い跡地に、事件を伝える案内板が立っている。

行動計画

No. 12

ミステリーの舞台に立って、真相に迫る

事件の「闇」に思いをはせ、昭和の「謎」を探る

実例　三億円事件の現場（府中市）

予算　★

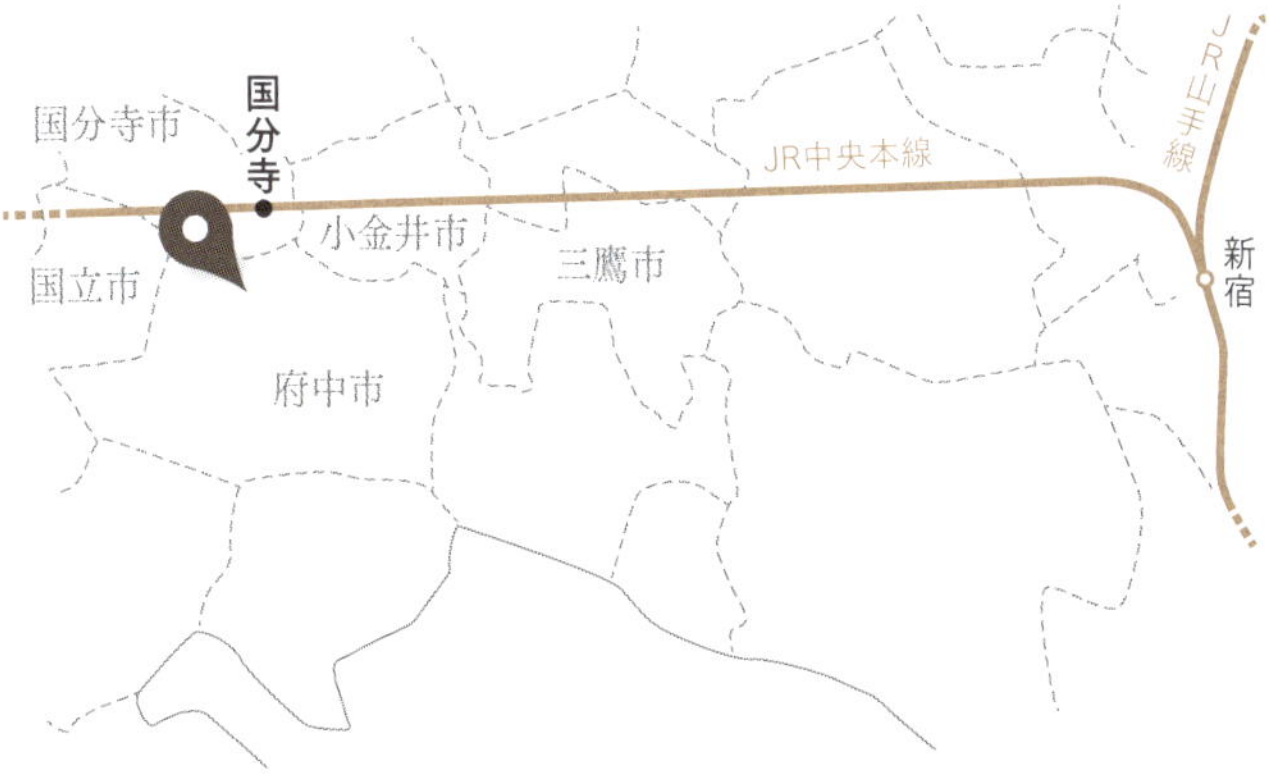

開発が進み、街の面影が消えていく

昭和43（1968）年12月6日、日本信託銀行国分寺支店に一通の脅迫状が届いた。

「300万円を払わなければ、支店長宅をダイナマイトで爆破する」

――爆破は起こらなかったが、銀行側に恐怖を植え付けるには十分すぎる布石だった。そして「4日後」に事件が起きる。

昭和43年は、社会に不安が蔓延した1年だった。ベトナム戦争の泥沼化が進む中、アメリカではキング牧師が暗殺される。国内でも金嬉老事件に横須賀線爆破事件、連続ピストル魔事件（翌年に犯人、永山則夫を逮捕）など不穏な事件が続発した。

人々が心の隅に抱える不安が、逆手に取られ利用されたのか。昭和史に残る大事件・**三億円事件**は、あっさり遂行された。

ＪＲ中央線国分寺駅北口に出ると、駅前は大工事中。巨大クレーンが唸りを上げ、広大なサラ地と化した一角にガレキの山。35階建て超高層ビルを建設中だそうで、

「国分寺駅北口が生まれ変わります」

と誇らしげなお知らせが掲示されている。「生まれ変わりすぎだ」と思いつつ、工事現場に挟まれた仮設通路を抜け、外に出る。重機がゴゴゴと唸り、足元が揺れる。

商店街が延び、店がひしめく隙間に、三菱ＵＦＪ銀行が見える。――かつての日本信託銀行国分寺支店？　だが目をこらす僕の前をトラックが横切り、浮かびかけた残像はかき消された。

50年前、日本信託銀行の現金輸送車は、国分寺支店を出て国分寺街道を南下し、府中方面に向かった。可能な限り、その道筋をたどってみよう。駅の南側に「国分寺街道」の表示を見つけ、駅を背にして街道を南へ進む。

駅前大開発から一転、道沿いは旧家が並び、寂れた雰囲気になった。歩道もない。国分寺は近代的住宅地のイメージが強いが、基本は素朴な武蔵野の街なのだ。風景に目を凝らすと、50年前にこの道を走った現金輸送車の残像が、見えてくる気がしないでもない。

一里塚第二交差点を過ぎると右手に路地が分かれ、遊歩道「お鷹の道」を経由して武蔵国分寺に続いている。街道をいったん外れ、国分寺方面へ。

奈良時代、聖武天皇が全国に国分寺を建立した。武蔵国分寺はそのひとつだ。「カワニナをとらないで」と書かれた看板が立ち、住宅地の隙間を小川が流れている。川沿いの遊歩道が、お鷹の道。緑が茂り、トンボが横切り、駅前大開発が別の街のよう。

国分寺に着き、荘厳な楼門を見上げる。自然と歴史に育まれた、武蔵野の素朴な街。本当にこの付近で、昭和史を揺るがす大事件があったのだろうか。

だが国分寺のすぐ南にある史跡武蔵国分寺跡で、乗り捨てられた現金輸送車は見つかったそうだ。もちろん3億円を入れたジュラルミンケースは持ち去られて、跡形もなかった。

国分寺街道に戻り、再び南へ進む。途中の栄町交番前交差点の一角、おそらく今は牛丼屋「すき屋」が立つ辺りで……犯行に使われた濃紺のカローラが目撃された。

さらに南下して、明星学苑前交差点を西へ曲る。「学園通り」の表示も立つが、道の左側には長大な、白い塀が延びる。どこまでも続く塀の向こうは、府中刑務所だ。

事件は刑務所の塀に面した、この通りで起こった。

わずか3分の間に、完全犯罪は遂行された

昭和43（1968）年12月10日午前9時15分。雷鳴轟く土砂降りの中、現金2億9430万7500円を積んだ現金輸送車が、日本信託銀行国分寺支店を出発した。行先は東芝府中工場で、現金は従業員4523人分のボーナスで、ジュラルミン製トランク3個に入れて運ばれた。輸送車には運転手1名と銀行員3名、計4名の男性が乗っていた。

国分寺街道を南へ下り、府中刑務所に沿って学園通りを西へ向かう。その先の府中街道を南に進めば、すぐ東芝府中工場だ。だが学園通りを進んでいると、前方に白バイが1台現れた。乗っている警官は白ヘルメットを目深にかぶり、黒い革マスクで鼻まで覆い、顔や表情は読み取れない。首に白いマフラーを巻き、交通腕章をつけている。

輸送車に停止を命じると、警官は運転手と行員に言った。

「支店長宅が爆破された」「その車にダイナマイトが仕掛けられている」

殺風景な事件現場周辺。左に延びる塀の向こうは府中刑務所

――4人の脳裏に、4日前の脅迫状の件が思い浮かんだかどうか、定かではない。とにかく4人はすぐ車を降りた。すかさず警官が車の下に潜り込むと、白い煙が噴き出した！

「あった。爆発する。逃げろ！」

慌てて逃げる4人。だが警官はそのまま運転席に乗り込むと、車ごと走り去った。

――降りしきる雨の中、警官が乗り捨てた白バイと、発煙筒だけが残されていた。

白バイはニセ物だった。わずか3分間の出来事で、3億円はまんまと奪われた。

1時間後、武蔵国分寺跡の七重塔跡付近で現金輸送車は発見された。また現金を積み替え逃走に使ったと見られる濃紺のカローラが、事件発生4カ月後に小金井市の公団住宅の駐車場で見つかっている。後部シートには空っぽの、ジュラルミン製トランクが放置されていた。

モンタージュ写真が全国に拡散され、逮捕は時間の問題かとも思われたが、捜査は迷走した。1万人以上もの容疑者に聴取を行ったが、犯人と特定できる者が見つからない。

1年後に、有力な容疑者として青年が別件逮捕されたが、犯人ではなかった。また最有力容疑者として、19歳少年の存在もクローズアップされた。限りなく黒に近かったが、少年は事件の5日後に自殺。父親が警官で白バイ隊員だったため、さまざまな憶測も呼んだが、結局、真相解明には至らなかった。そして――。

昭和50（1975）年、事件は公訴時効を迎え、昭和63（1988）年には民事上の時効も迎えた。事件は迷宮入りとなった。

その後も「運転手が犯人とグルだった」「真犯人は女子高生だった」などさまざまな憶測が飛び交った。1999年には「私が白バイ男です」と名乗り出た中年男がいて、ヘルメットをかぶった写真が週刊誌に掲載され、失笑を買ったりもした。

そんな大事件も昨今は、風化した感もある。「府中」と聞いて3億円事件を思い出す人も少ないだろう。

たまには探偵気分で街歩き

戦後の昭和は謎が多い時代だった。いくつもの大事件が解決されず迷宮入りとなった。

未解決事件について、識者や作家が独自の推理を働かせ、持論を展開した。GHQ陰謀説を掲げる推論も多かったが、いま思えば不思議な現象だったとも思う。

昨今のモリカケ事件などと違い、昭和の事件はスケールが大きく、闇も深かった。GHQの暗躍に米ソ冷戦、731部隊ほか、明るみに出る国家陰謀――。

謎だらけの、ミステリーに満ちた時代。その深い闇を庶民が、一種の娯楽として享受していた側面もある。昭和はわかりにくい、不思議な時代だったのかもしれない。

未解決の昭和事件の残像をたどってみよう。「事件を風化させないために」などと仰々しく思う必要もなく、探偵気分の興味本位の散策で構わない。素人推理を働かせつつ、「事件」を知ることで昭和を回顧するのも一興だろう。

ただし事件により犠牲者が出ている場合、弔いの気持ちだけは忘れないようにしたい。

三億円事件では、実はジュラルミン製トランクに、現金は入っていなかったという説がある。中身を見た者は誰もいないし、銀行が控えていた紙幣のナンバーは、3億円のうちの100万円（500円札×2000枚）だけ。その1枚も世間に出回ることはなかった。

盗まれた3億円は保険会社に補償され、東芝の社員は無事にボーナスを受け取った。損をしたのは結局、保険会社だけで、実は演出された架空の事件だったのではないかという説もある。またモンタージュ写真が実は、事件当時すでに故人だった、実在の人物の写真を流用したとして問題にもなった。

さて事件の真相は？　素人探偵の皆さんは、どうお考えだろうか。

推奨する
本計画の類例

【下山事件（足立区五反野駅周辺）】

昭和24（1949）年7月5日、初代国鉄総裁の下山定則氏は出勤途中に消息を絶ち、翌6日未明に足立区の東武伊勢崎線五反野駅にほど近い国鉄線路上で、無残な轢死体となって発見された。下山氏が国鉄合理化に伴う大規模な人員整理の重責を負っていたため、自殺説と他殺説が入り乱れ捜査は難航。消息を絶った下山氏の、明確すぎる目撃談が続出したことも怪しく、また短期間のうちに三鷹事件、松川事件と国鉄がらみの怪事件が続発。背後に政府やＧＨＱが絡む陰謀説もささやかれ、自殺と結論づけられたものの、事件は大きな謎を残した。事故現場近くに慰霊碑が立つほか、微細な目撃（怪しい？）現場となった東武線五反野駅前の末広旅館跡を訪ねる人が今も多いとか。素朴な駅前商店街散策とあわせて探訪してみたい。

【帝銀事件（豊島区椎名町駅周辺）】

昭和23（1948）年1月26日。閉店直後の帝国銀行椎名町支店を男が訪れ、その場にいた16人に青酸化合物を飲ませ、子どもを含む12名を毒殺して現金を持ち去った。生存者の証言などから大捜査網が敷かれ、画家の平沢貞通氏が逮捕され死刑宣告。だが毒物の知識がない平沢氏逮捕は冤罪の疑念がつきまとい、背後にＧＨＱや７３１部隊の関与も噂される中、死刑は結局執行されず。獄中で39年を過ごした末、平沢氏は95歳で病死した。現在の事件現場周辺は普通の住宅地と商店街だが、事件現場を知り街を歩くことで、死刑や冤罪についての見聞が広がるはずだ。ちなみに手塚治虫氏ら漫画家が住んだ「トキワ荘」もかつて近くにあったので、ゆかりの場所をあわせて歩くのも一興だろう。

行動計画

No. 13

昭和の大戦争の記憶をたどる

東京の戦争被害を正しく知り、次世代に伝える

実例　言問橋ほか

予算　★

東京大空襲の慰霊碑

浅草から隅田川を眺めつつ江戸通りを北へ進むと、前方に**言問橋**が見えてくる。長さ238・7メートルの立派な橋。その架橋の歴史は古く、竣工開通したのは昭和3（1928）年。関東大震災で壊滅した首都・東京の、復興事業の一環として架橋が行われた。「言問」の由来は諸説あるが、在原業平が詠んだ歌「名にし負わば　いざこと問はむ都鳥　わが思ふ人はありやなしやと」にちなんだとも言われている。

京の都を離れ隅田川のほとりに立ち、遠くに来たものだと思いにふけっていると、一羽の鳥が舞い降りた。私が恋慕う人は今も、京で元気にしているのか、教えておくれ——。

業平さんが歌を詠んだときの風情もどこへやら、現在の言問橋は車が右へ左へ走り抜けて、大変な混雑ぶり。クラクションも響き、物思いにふける感じでもない。そして観光だろうか、金髪の外国人の姿も。最近の浅草は本当に、外国人が増えた。

橋の西詰から東の方向を見ると、スカイツリーがよく見える。スマートフォンで撮影する外国人も多い。

そして、橋の下には隅田川に沿って、隅田公園（台東区浅草7丁目）が細長く延びている。喧騒からいったん逃れようと、公園に降りてみた。すると石碑が立っている。

「あゝ東京大空襲　朋よやすらかに」

そう刻まれている。

頭上の言問橋を、轟音上げて車が爆走していく。外国人が英語で騒いでいる。

3月10日、橋の上は地獄と化した

昭和20（1945）年3月10日午前0時7分、米軍は東京全域に対し、未曾有の大空襲を敢行した。空襲は深川地区から始まり城東、浅草、芝へと広がっていった。

この日の東京は強い冬型の気圧配置の下で、3月としては40年ぶりの寒さを記録。季節風が吹き荒れ、乾燥していたことが災いした。空襲が引き起こした火災は、折からの強風にあおられ、またたく間に街から街へと燃え移っていく。特に木造家屋がひしめく下町は炎の広がりが早く、あっという間に紅蓮の炎に包まれた。

人々は逃げ惑いながら、自然と隅田川を目指した。川の向こうまでは、火災は広がっていないはずだ。川を渡り対岸に行けば、きっと助かる……だが対岸の街もすでに、猛火に包まれていた。そして対岸の人々も同じことを考え、隅田川に押し寄せていた！

言問橋の双方向から大量の人がなだれ込み、橋上は大混乱となった。さらに荷物やリヤカーもひしめき、身動きできないところに、両岸から炎は容赦なく襲いかかった。

逃げる術もなく、大勢の人が焼け死んだ。凍てつく川に飛び込み、凍死した人も多かった。橋の上も、下を流れる隅田川も、地獄と化した。

空襲は2時間半にもわたって行われ、約300機ものB29が、計2000トンもの焼夷弾の雨を降らせ続けた。なんの罪もない民間人の頭上に、焼夷弾は降り続けた。

翌朝の言問橋周辺は、目を覆う惨状だったという。橋の上は黒焦げの焼死体の山で、かろうじて生き残った人も、死体を踏まずには帰れなかったそうだ。川も水死、凍死した人で埋め尽くされた。

この東京大空襲により、一夜にして東京35区（当時）の約3分の1以上が灰燼に帰した。犠牲者は『東京都戦災史』（昭和28年発行）によれば8万3793人。ただし実数はもっと多く、10万人以上ともいわれている。被害家屋は26万8358軒、100万人にも上る人が被災した。

慰霊碑の前に、供物が並んでいる。ペットボトルの水、酒のワンカップも。橋上で逃げ場を失った人々はどんなに、それはもうどんなに熱く苦しかったことだろうか。

花も供えられている。供えて間もない、みずみずしい花もある。今も犠牲者を思い、花を欠かさず供える人がいるのだろう。

さらに大量の千羽鶴と、当時の橋の縁石の一部も置かれている。橋には亡くなった人々から流れ出た血や脂が、黒くこびりついていたが、1992年に改修。そのとき不要になった縁石の一部が、今ここに置かれている。黒みを帯びた縁石——それが犠牲者の体から流れ出たものの色なのか、今となっては見ただけではわからない。

碑石の周りを鳩が何羽も舞っている。時おり碑石に留まり、クーッと喉を鳴らす。

「すみません、いいですか?」

背後から声がかかった。初老の男性が碑石の前に立ち、目を閉じて、手を合わせる。続いて若い男性もやって来て、やはり手を合わせる。

今も手を合わせていく人がいる。それはかすかな救いに感じられた。

公園の一角、橋の真下に、橋を支える太い親柱が立っている。その側面に大きく、油をこぼしたような黒い染みがついている。亡くなった人たちの、体の一部なのだろうか。

「ワーオ、グレイト!」とか何とか、橋の上から英語が聞こえてくる。

壊滅した東京に絶句する

墨田区の**横網町公園**と、江東区の**東京大空襲・戦災資料センター**も訪ねた。

横網町公園には**都立慰霊堂**が建っている。元は関

言問橋のたもとに立つ慰霊碑。訪れる人は後を絶たない

東大震災の犠牲者の遺骨を祀る場所だったが、のちに東京大空襲ほか戦災の犠牲者の遺骨もここに納められた。その納骨数は、震災が5万8000柱、戦災が10万5000柱。

関東大震災は大正12（1923）年9月1日。東京大空襲は1945年3月10日。

わずか二十数年の間に、東京では多くの人が、理不尽に命を落とした。実に16万人以上もの都民の魂が、この場所に眠っている。

さらに慰霊堂と資料センターで、空襲直後の東京の写真も見た。言問橋の上に山積みになった、黒焦げの人々。足の踏み入れようもないほど、地面を埋めつくす遺体。

一面の焼け野原となった浅草、五反田、八王子。

この人道無視、極悪非道の大量虐殺を行った、アメリカとはいったい何なのか。

一方で資料センターには、戦時中の防災訓練に関する展示も。バケツリレー、焼夷弾の火を叩いて消す「火叩き棒」。米軍の近代兵器に、そんなもので立ち向かえるはずなどないのに。国は国民の命を何だと思っていたのか、なんとも思っていなかったのか。

日本という国も、何だったのか。

人命を楯にしてでも存続しようとする「国」とは、いったい何なのか。

子どもや若者を、戦争に行かせない

沖縄に広島、長崎だけではない。東京もまた、そこに並ぶ戦争被災地だ。東京に住んでいながら、その戦争被害を知らない人も、意外に多いのではないだろうか。

被災地・東京にはたくさんの、戦争の愚かさを伝える遺跡や石碑が残っている。それなら訪ねてみて、知っておきたい。東京に何が起こったのかを。そして人生後半戦に入ったら、後世に「伝える」こともしていきたい。

日本人はだまされやすい。バケツリレーごときで戦争に立ち向かえると思い、だまされた。二度とだまされてはいけない。次世代を担う若者や、子どもたちのために。

自分の子どもや孫が戦争に行かされ、または戦火に巻き込まれ、命を落としてもいいのか。戦跡を訪ねては、そのことを思い出し、非戦の思いを伝えていく。おとなの使命のひとつとして、必ず実行していきたい。

センターを出てJR錦糸町駅方面に進むと、再びスカイツリーが見えてきた。駅に続く四ツ目通りもまた、車が途切れず走り、人も多い。

それはいつも見る、日常の風景。だが戦跡をめぐったあとだからか、「平和だな」とつくづく思った。

平和は当たり前に、そこにあるものではない。日々努力を重ねていないと、平和は僕らの手をすり抜けて、どこかへなくなってしまう。

平和は努力なしには、いつまでも続かない。わずか半日だが戦跡めぐりを終えて、心の底から、そう思った。

推奨する本計画の類例

【陸軍中野学校跡地ほか】

ＪＲ中央線中野駅北口の、広大な再開発エリアの一角に、かつて極秘裏にスパイを養成した陸軍中野学校があった。東京警察病院の敷地内に跡地の石碑が立つが、その「さりげなさ」が今もなお、この学校が負わされた「秘匿」を受け継いでいるように見えて不気味だ。広大な再開発エリアは、ぬぐいきれない「過去」を背負っていることが多い。中野にはほかに、戦前から戦時中にかけて思想犯を多く収容した「中野刑務所跡」や、終戦直前の米軍の機銃掃射跡が残る「水の塔」などの戦跡がある。本書の別の計画で紹介している中島飛行機工場跡と、箱根山がある戸山公園内の「陸軍戸山学校跡」も、あわせて訪ねてほしい。

【猿島】

横須賀の東南東1.7km、東京湾に浮かぶ周囲1.6kmの無人島。今や能天気なバーベキュー島と化しているが、明治時代には陸軍により本格的洋式要塞が築かれた。一般人は立ち入り禁止となり、第二次大戦中には高射砲も設置され「軍艦島」と呼ばれつつ、島内の一切は軍事機密事項として秘匿されていた。戦後は海水浴場がオープンし観光島となったが、島の奥には今も多くの軍事施設が残っている。赤レンガ積みの弾薬庫に兵舎跡、高射砲の台座跡にアーチ造りのトンネル、司令部跡などなど。レジャーランド化が進む島は、過去に島まるごと軍事施設であった場所が多いことも知っておきたい。和歌山県の友ヶ島（要塞）、広島県の大久野島（毒ガス製造）なども有名。

行動計画

No. 14

怪奇心霊スポットに迷い込む

興味本位ではなく、恐怖の背景にある史実を正しく知る

実例　**東池袋中央公園（豊島区）**

予算　★

戦犯の死刑が行われた場所

人、人、人の群れ。

新宿、渋谷、そして池袋。東京を代表する大都会は、いつも大勢の人でにぎわい、喧騒に包まれている。そこに「怪奇」「心霊」などというものは、無縁と思われるが――。

そこで無念の死を遂げた人々がいた。その怨念は今も渦巻いているのかもしれない。

池袋駅東口、35番出口から外に出て、人と店で埋め尽くされたサンシャイン60通りを進む。突き当りには60階建ての超高層ビル・サンシャイン60がそびえている。

旗を振るガイドのあとについて、50人ほどが列をなしドドドと進んでいく。

大声でわめく彼らは中国人だろうか。

「◎×▼☆◆※△!」

♪大事なもの~見つけたら~忘れないで~♪

大音量でJ-POPが流れている。最近の曲は本当に、どれもよく似ている。ヒュルルル!

そこにゲームセンターの、けたたましい電子音が重なる。UFOキャッチャーの機械にギッシリ詰まっている、巨大ピカチュウのぬいぐるみ。「ナントカがナントカでナントカなの!」と、アニメ声のナレーションが、さらに大音量で重なる。

やかましさに疲れ果てるころ、ようやくサンシャイン通りを抜け、大通りに出る。往復6車線、交差点付近は8車線、さらに真上を首都高も通る、二段重ねの大通り。渡った先は、サンシャイン60がそびえるサンシャインシティ。だがそのふもとに、そこだけ緑茂る一角が。**東池袋中央公園**だ。信号待ちで車が停まり、喧騒が止んだほんの少しの間に——セミの声が聞こえる。盛夏。ビルだらけの大都会にも、セミが夏を運んでくる。

公園に入ると、喧騒は少し遠くなった。木立に囲まれ、ビル街よりは幾分か空気も涼しげ。園内のベンチでは、ネクタイ姿のビジネスマンや作業服姿の人が休んでいる。片手にスマホ、缶コーヒー。

頭上で鳥がチュンチュンと鳴く。セミの声も聞こえる。のどかで、そして平和だ。

——公園の片隅に、石碑が置かれている。「永久平和を願って」とだけ文字が刻まれ、花がたくさん供えられている。

かつてこの場所に拘置所があり、第二次大戦後、多くの戦犯に死刑判決が下され、実際に死刑が執行された。

大正時代はここに「巣鴨監獄」(のちに巣鴨刑務所)があったが、関東大震災後は府中に移転し「府中刑務所」となった。移転後の跡地には、未決囚を収用する「東京拘置所」が作られ、敷地の北西に処刑場もあった。戦時中にゾルゲ事件の主犯とされたリヒャルト・ゾルゲほかの死刑が執行された。

だが第二次大戦後はGHQの管轄下に置かれ、戦犯収用施設となる。「巣鴨プリズン」と呼ばれた拘置所では、大勢の戦犯の死刑が行われた。東条英機元首相ら7名のA級戦犯が、ここで絞首刑に処されたことは、よく知られている。

昭和46（1971）年に拘置所は小菅に移り、巣鴨プリズンは解体。跡地はサンシャインシティとして再開発され、60階建ての高層ビルも建ったが、そのころからだろうか。「サンシャインに霊が出る」と、まことしやかに囁かれ、目撃談も続出した。

「夜中に人魂が飛んでいた」「人がいないのに足音が聞こえた」に始まり、「軍服を着た男性が歩いていた」「息遣いが聞こえた」「首から下がない霊を見た」など具体的なものも……。霊が出る場所に絞首台があった、午前0時に行くと霊がいる、など噂が噂を呼び、いつしか東池袋中央公園は、都内屈指の心霊スポットと呼ばれるようになった。

公園入口。木々がうっそうと茂り、ビル街の一角でここだけ別世界

夏になると肝試しに集まる「心霊マニア」もいる様子。SNSが浸透してからは、写真を撮り「霊が写っている」と言い張って拡散したり、破壊騒乱行為に及んだりする者もいる。霊もおちおち出てこられないのでは。

信じるか信じないかは個人の勝手だが、本来心霊スポットは、娯楽の延長として訪ねる場所ではないと思う。なぜそこが心霊スポットと呼ばれるようになったのか。そこで起こったことを知り、死者に畏敬の念を抱くことが、まず大事ではないだろうか。

「石垣島事件」を知る

A級戦犯の死刑執行ばかりが有名だが、「石垣島事件」についても触れておきたい。

昭和20（1945）年4月15日、石垣島で米軍機が撃墜され、3人の米兵が捕虜になった。石垣島に駐屯していた海軍警備隊は、国際法に違反して3人を処刑。いちばん若い兵曹は柱に縛られ、上官の命令を受けた隊員ら約40名に順番に銃剣で刺され、死亡した。

その後、警備隊は3人の遺体を埋めたが、終戦となり慌てて掘り起こして火葬し、遺灰を海中に捨てた。だが事件は発覚し、殺害に加担した者は本土に移送され46名が起訴、うち41名が死刑を宣告された。中には石垣島出身で警備隊に召集された、元島民もいた。

3人の殺害に対し、41人に死刑判決。一方で米軍による民間人の無差別殺戮は、なぜ罪に問われないのか、言いたいことは山とある。これが戦争の理不尽というものか。それでも41名の大半は減刑で死刑を免れたが、結局7名の死刑が巣鴨プリズンで執行された。

死刑が行われたのは、昭和25（1950）年4月7日。そしてこれが、巣鴨プリズンで行われた最後の死刑となった。

昭和27（1952）年4月、サンフランシスコ平和条約の発効により、巣鴨プリズンは日本に移管された。戦犯はまだ収容されていたが、その後死刑が行われることはなく、昭和33（1958）年に最後の戦犯が釈放。巣鴨プリズンは閉鎖された。

1970年代に入ると、首都圏整備計画の一環で、周辺の再開発が始まる。巣鴨プリズンは解体され、跡地にサンシャインシティが開業。60階建て、地上239・7メートルの超高層ビルは、完成当時はアジアで一番の高さ。その雄姿は輝く未来への希望に満ちて、死刑執行の忌まわしい過去は風化していくと思われた。だが――。

今も「サンシャインシティで霊を見た」という目撃談は絶えない。

この地で果てた人々の念が本当に霊となり、今もさまよっているのか。それともこの地を心霊スポットに仕立て上げることで、この場所で起こったことを忘れてはいけないと、私たちは無意識のうちに自身を戒めているのだろうか。

死者を通じて知る、東京の側面史

今も夏になると「幽霊」をテーマにした、さまざまな物事を目にする。テレビは怪奇心霊特番を流し、怪談イベントが行われて、そして心霊スポットへ肝試しに繰り出す者も後を絶たない。

特になんの事件も起こっていない場所は、心霊スポットにはなりにくい。事件が起こった場所ほど心霊スポットになる。痛ましい事故や事件が起こった場所で「幽霊を見た」と聞けば「なるほど、あの場所なら出てもおかしくはない」と信じる人も少なからずいて、そうした証言の積み重ねで、その場所は心霊スポットになっていく。サンシャインシティの場合は特に「かつて死刑が行われた」過去の禍々しさと、現在の超近代化ぶりのギャップが激しいだけに、そこで「霊を見た」目撃談の信ぴょう性が増すのかもしれない。

「怪奇心霊スポットを探訪する」とはいっても、若者にありがちな、興味本位の馬鹿騒ぎのような探訪だけは避けてほしい。ヒャーヒャーと騒ぎ、現場をズカズカ踏み荒らす輩もいるようだが、おとなたるものそんな人々とはどうか一線を画したいものだ。

その場所を訪ね、歴史を紐解くことで、東京のさまざまな側面史と裏面史が見えてくる。そこで亡くなった人たちに一定の念を払い、謙虚な気持ちで探訪して歴史を学ぶことは、けっして悪いことではないだろう。

余談だが筆者は、基本的に霊の存在は信じていない。だが仕事先の沖縄で数万枚の写真を撮ったなかで、1枚に説明のつかないものが写っていた。沖縄を拠点にする同業者数人にその話をしたら、みんな一度は同じような経験をしていて、取材に行くときは必ず塩を持っていくという。

今も僕の取材バッグの中には、荒塩を入れた小瓶が入っている。

推奨する本計画の類例

【平将門の首塚（千代田区）】

大手町のオフィス街に建つ、平将門を祀る塚。平安時代、朝廷に反旗を翻した将門は反撃に遭い絶命。遺体は京に運ばれ、首は都大路で晒されたが２日経っても腐らず、そして３日目……夜空に舞い上がると東へ飛んでいった。今の首塚がある場所に、その首が落ちたといわれている。この場所は撤去作業を行うたびに奇妙な事故が発生していて、例えば関東大震災後に大蔵省庁舎を建てたら、２年間に大臣以下14名が死亡。戦後ＧＨＱが行った駐車場工事でも死者が出た。ほかにも災厄が続発したため、お祓いをして石碑を建て、現在に至っている。都内最恐といわれるスポットだが、左遷されたサラリーマンが境内にカエルの置き物を置いて本社復帰を祈るという、オフィス街らしい逸話もある。

【四谷お岩稲荷（新宿区）】

言わずと知れた『四谷怪談』にちなむ神社だが、実は路地を挟み２つのお岩稲荷がある。役者が『四谷怪談』を演じるときに参拝するのが「於岩稲荷田宮神社」。対面の「於岩稲荷長照山陽運寺」は、女性が男の浮気封じと縁切りを願いに来るそうだ。もともとお岩さんは良妻賢母で、田宮伊右衛門・岩夫妻の仲も良好だったとか。信心深いお岩さんは、田宮家に伝わる稲荷様を厚く信仰し、お岩さんを真似て参拝者が増え「お岩稲荷」になったのが本当らしい。そんなお岩さんを、鶴屋南北が『東海道四谷怪談』で稀代の悪霊に仕立てたわけで、そう聞くと数ある「お岩さんの祟り話」も、どうにも信じがたくなる。まあ怪談は人の心から生まれるということで。きちんと参拝して家内安全、商売繁盛を願いたい。

行動計画

No. 15

70年代フォークソングの名所をさまよう

歌詞の場面に記憶を重ね、若々しい気持ちを呼び戻す

実例　**神田川周辺**

予算　★

桜が茂る川沿いの道

早稲田から都電荒川線に乗り、1つ目の「面影橋」で降りた。本書2度目の登場の都電荒川線。都内の日帰り散策には、何かと便利な都電なのである。

路線と並行して新目白通りが延び、通り沿いの歩道脇を川が流れている。これこそが**神田川**。桜並木に挟まれて流れる川は、どこか田舎の渓流を思わせる。

川沿いに西へ、川の上流に向かって進む。桜並木の向こうに、新宿の高層ビル街が見える。前方に日傘を相合傘にして歩く、若いカップルの姿も。彼氏は背中まで伸びる長髪で、ヨレた白いTシャツにジーンズ、足元は……おおっ、下駄か。こんなファッションの若者が、今どきもいるのか。

――日が暮れると、小さな石鹸をカタカタ鳴らし、ふたりは銭湯に行くのだろうか。などと妄想しつつ進むと交差点に差しかかり、都電の線路はグワンと大きく右にカーブ。1つ先の「学習院下」を出た電車が、ゆっくりとカーブを曲がってくる。

その昔、70年代フォークと呼ばれる抒情的なフォークソングが人気を博した。代表的な1曲が、南こうせつとかぐや姫の『神田川』。三畳一間の下宿屋で、肩寄せあって暮らす若い男女の日常を歌い、大ヒットした。

神田川は都心を横断するように流れている。写真は中野駅の近く

作詞の喜多條忠さんは早稲田大学出身で、当時の彼女が神田川沿いのアパートに住んでいたそうで、そこが歌詞のモデルになったらしい。というわけでポッカリ空いた1日を、懐かしいヒット曲の歌詞を追って散歩しようと、神田川沿いに来たわけである。

アパートがあったのは、面影橋から学習院下に向かうカーブ付近から、川沿いに高田馬場方面へ100メートルほど行った所。戸田平橋が近くに架かり、隣に「千登世旅館」があったそうだが、旅館はもう廃業している。カーブを横目に、川沿いに進んでみる。

神田川のせせらぎを眺めつつ、ぶらぶら。川はゴオオッと音を立て、意外に勢いよく流れている。歌の雰囲気から、淀んだ印象を抱いていたけれど。魚も遡上してくるそうで、最近はアユも見られるとか。

川に「戸田平橋」が架かっている。そして川沿いには三畳一間の下宿屋が……今はそんな感じじゃないか。ごく普通の中規模マンションが並んでいるだけだ。面影橋付近の、桜がうっそうと茂る風景のほうが、歌のイメージに近いかもしれない。

それでも昔は歌の通り、この界隈は三畳一間のアパートが多かったそうだ。三畳一間は布団を敷いたらオシマイの狭さで、今どきはどんな貧乏学生でも、そこまで狭い部屋には住まないかもしれない。「四畳半フォーク」とも呼ばれた歌の舞台は三畳だったのである。

曲がヒットしてから45年、当時の風景が残っていないのも仕方ないか。とりあえず南へ下る路地を抜け、早稲田通りへ向かう。目指すはもうひとつの歌の舞台「横丁の風呂屋」。古書店街を抜け、西早稲田3丁目にある風呂屋まで、

神田川に架かる面影橋。早稲田大学に近く、界隈で「青春」を過ごした人も多い

ブラブラ通ったそうだ。

路地の入口に立つのはミャンマー料理店と、ＩＴ系の専門学校。細身で眼鏡のオタクっぽい若者が目立つ。さらに進むとファミリーマートも。昭和の風情も遠くなったものだ。

早稲田通りに出て、古本屋を探しつつ西早稲田に向かう。いちおう僕も30年前、早稲田に通っていたが、当時はもっと古本屋があった。でも今は――。

「成城石井」に「飲めるハンバーグ」（何じゃそりゃ）の居酒屋。「串カツ田中」に「やよい軒」に「松屋」。映画館「早稲田松竹」は変わらないが、ほかは本当に変わってしまった。

ようやく古本屋が1軒。でも隣に「野郎ラーメン」。さらに「マイバスケット」「ココイチ」と続く。石鹸をカタカタ鳴らして歩いたふたりの残像は、なかなか見えない。

計5軒の古本屋を横目に進み、西早稲田3丁目に着いた。何のことはない、学生時代にさんざん通った場所だ。高田馬場駅と早大正門の間を、割安の都バス、通称「学バス」が日に何度も往復する。その途中の「西早稲田」バス停の近く、教育学部や生協に行くのに便利な「西門」に通じる道の入口に「横丁の風呂屋」はあったのだ。個人的に今も早稲田に縁があり、この道はしょっちゅう歩いている。知らぬ間に、ヒット曲の舞台を歩いていたのだ。

明治創業の老舗の寿司屋は立つが、風呂屋はもうない。それでも寿司屋の店先に「旧跡　高田馬場跡」の案内板が掲示されている。江戸時代初期の寛永13（１６３６）年、ここに旗本たちの馬術練習場がつくられ、近くの穴八幡神社に奉納する流鏑馬（やぶさめ）などが行われたとか。

享保年間（1716〜1736年）に馬場の北側に松並木がつくられ、茶屋が8軒立っていたそうだ。

そんな雑学も仕込みつつ、この日の神田川フォーク散歩は終わった。

抒情フォークが流行った時代

フォークソングは和訳すれば「民謡」である。アメリカで発祥し、日本では当初、マイク真木や森山良子が歌う無垢な「カレッジフォーク」として浸透した。

だがアメリカでは、ベトナム戦争が混沌とする60年代後半から、反戦に反人種差別など抵抗メッセージを歌詞に乗せたフォークソングが増えていく。ボブ・ディランの『風に吹かれて』、ピート・シーガーの『花はどこへ行った』などなど。70年代初頭にかけ、その流れは日本にも浸透し、抵抗を歌うプロテストソングが和製フォークの主流になっていく。高石ともや、岡林信康、高田渡ら気鋭の歌い手が次々に登場。反戦フォークを歌う新宿西口フォークゲリラも行われ、フォーク＝「アングラ」のイメージが、この時期に定着した。

戦後生まれ世代が20歳を過ぎ、自分の意見をやっと言えるようになった時代だった。学生運動が盛り上がり、そして安保闘争、三島由紀夫の自殺に、よど号ハイジャック。公害が社会問題化し、高度経済成長を続けていた戦後日本は壁にぶち当たった。多くの若者がデモに参加し「革命」を叫び、腐敗した社会を自分たちの手で変えようと思っていた。

だが昭和47（1972）年の「あさま山荘」事件で、リンチ殺人が発覚したあたりから、反体制の動きは萎んでいった。「革命」を理想と掲げ、爆走した結果がこれだったのか。

デモや集団行動では、幸せは得られない。それよりもまず、身近な愛する人を大切にしよう……当時の若者がそう思ったのかはわからない。

だが、「あさま山荘」翌年の昭和48（1973）年に『神田川』が大ヒットした。描かれたのは日々の小さな幸せの時間と、漠然とした個人的な不安。反戦や反体制を呼びかけるメッセージは、そこにはなかった。

『神田川』ヒット以降、抒情派フォークを「軟弱」と揶揄する声もあった。個人的に、優しさは強さの裏返しだと思っているので、ソフトな印象の抒情派フォークを「軟弱」だとは思わないが。むしろ反戦ほか主義主張を声高に歌い叫

新宿西口フォークゲリラ集会はたびたび行われ、西口地下広場（現在は通路）は若者で埋めつくされた。

ぶ背景に、賛同者を欲する弱さも感じてしまう。まあ、ここは意見が分かれるところだろう。

そうして全盛期を迎えた抒情フォークも、70年代後半には商業主義と結びついたニューミュージックへと変容していく。派手なバンド色が強くなり、一部のミュージシャンはアイドル化。タイアップにメガヒット、ドームツアーへと巨大化。日常の小さな幸せを切々と歌う抒情フォークは、次第に音楽シーンの主流から外れていった。

70年代フォークに倣い、身近な幸せを探す

「懐かしいあの歌」をたどる散歩は、けっして懐古趣味に溺れるヒマつぶしではない。

青春時代に歌い親しんだ歌は、その後のその人を形成する上で、大きな影響を与えたはずだ。好きだった歌の集大成は、ある意味その人自身と言えるかもしれない。

だから若いころに好きだった歌を、大切にしたい。カラオケで歌うのも、もちろんいい。でも歌詞をたどり、歌詞の舞台となった場所を歩くと、昔そこにいた自分の姿がフッと見える瞬間がある。同時に将来への夢をふくらませ、不安も抱えたころの思いがよみがえる。懐かしさよりも若々しい気持ちを再び呼び戻すような、不思議な感覚にとらわれるのだ。

70年代フォークは「懐メロ」として捉えられがちだが、そんなことはない。今もまた、社会全体に言い知れぬ不安が蔓延する中、往年のヒット曲たちは「まずは自分の幸せを築くことから始めよう」と、僕らに語りかける。「自分の大切な人を、幸せにしよう」と優しく、そして強く、語

神田川の歌碑。わかりにくい場所にあるが、探してみよう

りかける。

早稲田から少し離れて高田馬場駅の西、小滝橋から神田川沿いに、遊歩道を南へ下る。こちらも川面を覆いつくすように桜の木々が茂り、都心にいることを忘れそうだ。風情豊かな景色に誘われるまま、そぞろ歩き。

中央本線をくぐり、しばらく歩いた先、大久保通り脇の小さな公園に『神田川』の歌碑が立っている。三畳一間の下宿屋からも、横丁の風呂屋からも遠いこの場所に、なぜ歌碑が？

不思議だなと思いつつ、訪れる人も少ない様子の公園で、しばらく歌詞を眺めた。

推奨する本計画の類例

【面影橋】

『神田川』散歩の出発点となった面影橋は、フォークグループNSPが歌った場所でもある。NSPの『面影橋』は昭和54（1979）年にリリースした一曲で、ほかに彼氏がいる女性を愛してしまう、止められなくて切ない衝動を歌い話題になった。余談だが「面影橋」というタイトルの別の曲を、ほかに五木ひろし、堀内孝雄、松原のぶえ、大月みやこが歌っているほか、やはりフォークシンガーの及川恒平が昭和46（1971）年に『面影橋から』を発表し、こちらも代表曲になっている。『面影橋』といえばNSPより及川派、という人も多いかも。八代亜紀も『追憶の面影橋』という曲を歌っていて、そして五木さんと八代さんの曲の作詞は『神田川』の喜多條さんである。

【池上線】

五反田と蒲田を結ぶ、都内屈指の渋い路線が東急池上線だ。昭和51（1976）年に西島三重子さんが歌う『池上線』が大ヒットして、一躍有名になった。ただし歌詞の中で路線の古さを歌う下りがあり、東急側が否定コメントを出す無粋な一幕もあった。作詞の佐藤順英氏の大学時代の彼女さんが池上に住んでいて、訳あって疎遠になり、誤解を解こうと作った歌だったそうである。歌詞に出てくる「フルーツショップ」も池上駅近くにあったそうだが、その後ケンタッキー・フライドチキンに変わってしまったとか。そして当時の車両は床が木製で、歌詞に違わず古かったのは本当らしい。今も古い駅舎やベンチが残るのと、戸越銀座をはじめほぼ各駅前に商店街があるので、下車しながら進むのも楽しい。

※参考文献：「散歩の達人」2006年3月号

行動計画

No. 16

老舗のカフェでコーヒーに癒される

場の雰囲気も含めて、本当の美味さを体感する

実例　珈琲道ぢろばた（埼玉県秩父市）

予算　★

穏やかな雰囲気の中で、極上の一杯を

朝霧蹴立てて　よく来たねットー
地炉端寄って　おあたんなットー
――「秩父音頭」より

美味いコーヒーが飲みたくて、池袋から西武線の特急に乗った。所沢、入間市、飯能を過ぎると、緑に包まれた山が車窓に連なり出す。目指すは、埼玉県秩父市。コーヒーを飲むために、東京から秩父へ行く。池袋から1時間半弱、近いか遠いかどう思うかは、当人次第だろう。

軽薄な観光地と化した西武秩父駅から足早に離れ（フードコート、声の大きなドライブ家族と走り回るその子ども、「祭」名義の温泉ほか）、秩父鉄道の御花畑駅方面に向かう。秩父の風情も失われた？　いや、駅北に延びる番場通りは、以前に訪ねたときと変わらない。古い洋館が立ち並ぶ、レトロモダンな街角。煙草屋、洋食屋。そして木造の一軒に「**珈琲道ちろばた**」の看板。「直火焙煎」「１９７４」と書かれた小さな看板も掛かり、草花がいきいきと生える小さな植木鉢が、いくつも置かれている。

焦げ茶色のドアを開けた途端、馥郁たるコーヒーの香りが、全身を包んだ。それほど変わらない。ほの暗い店内に、小さなテーブルと椅子が数組。それぞれ設《しつら》えが違っていて、抑えた照明がテーブルを照らしている。

棚にＣＤや辞書が無造作に積まれ、店というより、誰かの家にお邪魔した気分。壁にウクレレが掛かり、棚にはナポレオンのボトルが置かれ、ススキが生けてある。そして白ワイシャツと眼鏡のマスター。ここに来るのは5年ぶりだが、変わっていない。

5年前に来たとき、マスターは片隅に置かれた小さなテーブルを指差して、

ほのかな照明の下で、コーヒーを味わう

「私は、ここで生まれたんですよ」

とおっしゃっていた。5年ぶり、覚えてはいないだろうけど。

先客は女性が数人。文庫本を読む人、持ち込んだ和菓子をつまむ人も。ここはマスターがコーヒーを淹れることに集中するため、コーヒー以外のメニューはない。その代わり、食べ物の持ち込みは自由だ。読書をする女性の元に、コーヒーが運ばれる。

「アンティークブレンドです。19世紀の淹れ方で、淹れてみました」

マスターの穏やかな声に耳を傾けつつ、メニューを開く。ブレンドはスタンダード、やや苦、ほろ苦に始まり、モカ・マタリ+マンデリンの「アンティークブレンド」、キューバ+コスタリカ+モカの「クラシックブレンド」などなど。ストレートもブラジル、コロンビア、グァテマラ、メキシコほか10種類以上がそろう。マスターと女性の会話が終わるのを待ち、「ほろ苦」を注文する。

奥の厨房で、マスターがペーパードリップでコーヒーを淹れる様子が、ススキの葉の向こうに少しだけ見える。ゆっくり、丁寧に淹れている。ただ静かに待つ。

「大変長い間、お待たせいたしました」

マスターが丁寧な言葉と共に、ほろ苦ブレンドを運んでくる。いただきます。まずカップに鼻を近づけ、香りを楽しむ。燻し感すら覚える、芳ばしい香り。

香りをしばし堪能したら、おもむろにカップに口をつけ、一口ズズイ。

――はーっ。手足の指先の隅々まで、味わいと温かさがジンワリと染みていく。全身がとろけるようだ。どうしてコーヒーは、こんなに美味いのだろう。

和菓子の女性が店を出る。続いて読書の女性も席を立つ。この人が店を出たら「5年ぶりで～」と言ってみようか。だが――。

マスターが静かに湯を注ぐと、コーヒーの粉がぷっくりと膨れ、豊かな香りが漂いだした

それまでむしろ素っ気ない様子だった女性が、ふいに言った。

「高校生のときに、ここに来ました」

え？「30年以上前です」と言い、女性が笑う。マスターもさすがに驚きの表情。

「お寿司を持ってきて食べようとしたら、さすがにそれはコーヒーに合わないですね、と言われて……変わりませんね。お店も、マスターも」

しばし思い出話が続く。僕はメニューを開き、2杯目を選ぶ。注文は、ふたりの会話が終わってから。待てばいい。「テイクアウトですか？」と聞かれ、すぐに出てくる最近のコーヒーはつまらない。ゆっくり待ち、ゆっくり飲めばいい。

女性が店を出て、2杯目「アンティークブレンド」を注文する。再びマスターが厨房でコーヒーを丁寧に淹れ、そして運んでくる。

「5年前に来ました」と言うと、マスターは嬉しそうに笑い、隣の席に座ると言った。

「話しましょうか」

吐く息も白い中、炉端に集まり温め合うような

店は44年続いていて、マスターの中島洋さんは70代後半だという（もっとお若く見えるが）。そしてアンティークブレンドは優しい味わい、それでいてコクがしっかりある。「コーヒーって不思議ですね」と思わず言うと、

「――私はときどき、コーヒーがわからなくなります」

中島さんはそう答えた。44年続けていても、わからなくなることがある？

そして三十数年ぶりのお客。そんな風に久々に訪ねてくる人は、少なくないそうだ。

「昔はご主人や奥さん、恋人と一緒に来た人がひとりで来て……涙を流す人もいます」

店も中島さんも長い間、たぶん変わっていない。だからここに来ると、大切な人と一緒に来た記憶がよみがえるのか。そんなときマスターは、どうしますか？

「何も言いません。ただコーヒーをお出しします」

店名の「ぢろばた」は、秩父音頭に由来するそうだ。

「朝霧蹴立ててよく来たねットー　地炉端寄っ

珈琲道ぢろばた｜埼玉県秩父市東町9-14
営業 13時ごろ～20時ごろ　木曜、毎月1日、11日休
西武秩父駅から徒歩7分

ておあたんなットー~秩父は盆地で、特に早朝は冷え込み霧が立ちます。だから冷えきった手にハアハアと息をかけながら来たお客に、いろりにおあたりなさいと」

――ほのかな照明の下、炉端に手をかざす人々の姿が、うっすらと見える。

この店がなぜ44年続いているのか、わかるような気がした。

至福のコーヒーと共に、一日を過ごす

今や都会はチェーンのコーヒー屋だらけだ。安くて早い。そんな店で最近、シニア世代の人が所在なさげにボーッと過ごす光景を、頻繁に見る。コーヒーを味わうためよりもたぶん、過ぎゆかない時間を潰すため。その様子は辛そうにさえ見える。

せっかくコーヒーを飲むなら美味い一杯を、雰囲気のいい店で飲もうではないか。秩父とまでは言わなくても、せめてチェーン店ではない、マスターが一杯ずつ淹れてくれるコーヒーがいい。値段は少々高くても、せいぜい700円くらいだろう。ほんの数百円の贅沢と引き換えに、満ち足りた時間を過ごせるのなら、惜しくはないはずだ。

美味いコーヒーは、人を幸せな気持ちにする。香りに身を任せると、満ち足りた気分になる。なぜだろう。

ここで特に、シニア男性にお願いがある。コーヒーはなぜ美味いのか、その理論やウンチクに溺れている人が、意外に多いと常々感じている。「美味いコーヒーの淹れ方」に一家言持ち、店主

の淹れ方に口を挟む人も見かける。だがその道一筋で生きている人の前で、趣味の延長のにわか知識をひけらかすなどもってのほか。コーヒーに限らず日本そば、山歩きｅｔｃ……出過ぎた真似は場の雰囲気も壊すので、おとなとしてぜひとも控えたい。

個人的に美味いと思うコーヒー店が数軒あるが、その淹れ方は店によって違う。ネルドリップ、ペーパードリップ、サイフォン、コーヒープレス、どれも美味しい。後出の世田谷「**かなざわ珈琲**」の淹れ方も独特だが、それもまた美味しい。

その店が一番美味しいと思う淹れ方で淹れたコーヒーを飲んで、それが美味しいと思うなら、通えばいい。会話が弾むか静寂か、古い木造かオシャレな空間かも含め、どの店をいいと思うかはその人次第。要は相性の問題である。

コーヒーの味わい、店内の雰囲気、マスターの人柄まで含めて、自分に合う店だと思ったら、ひたすらそこで出てくるコーヒーを楽しめばいい。

とりとめもなくマスターと話し続け、気がつくと2時間以上も経っていた。再訪を約束し、外へ出ると、辺りはもう薄暗い。

美味いコーヒーを飲む。ただそれだけで過ごした、極上の一日だった。

推奨する
本計画の類例

【かなざわ珈琲 世田谷店】

老舗ではないが、都心の近場で「美味いコーヒーを飲める」1軒を紹介したい。店主の金澤政幸さんは、焙煎や抽出法を伝授するコーヒーアドバイザーとして全国を回るかたわら、世田谷の閑静な住宅街でカフェを開いている。「かなざわ式」としてこだわるコーヒーの淹れ方は独特。基本はペーパードリップで、注ぎ口が細いドリップポットで、挽きたてのコーヒー粉に湯を垂直に少しずつ落とし、ゆっくり抽出していく。そして2人分のコーヒー液を抽出したら、最初の3分の1だけを使い、差し湯で好みの濃さに希釈する。驚くだろうが和風の一番だしが美味しいのと同じで、最初のコーヒー液は雑味がなく濃厚なので、希釈することでコーヒー本来の旨味を堪能できるのだ。こちらのお店ならではの上質の1杯を、ぜひ味わってほしい。

かなざわ珈琲 世田谷店｜東京都世田谷区若林 5-14-6　若林ゆうクリニックビル1F
営業 11時～ 18時　不定休
東急世田谷線若林駅から徒歩5分

行動計画

No. 17

土地勘のない小さな駅前の居酒屋で飲む

見知らぬ街で、自分だけのくつろぎの場を見つけてみる

実例　京浜急行鮫洲駅前「まつり」

予算　★★★

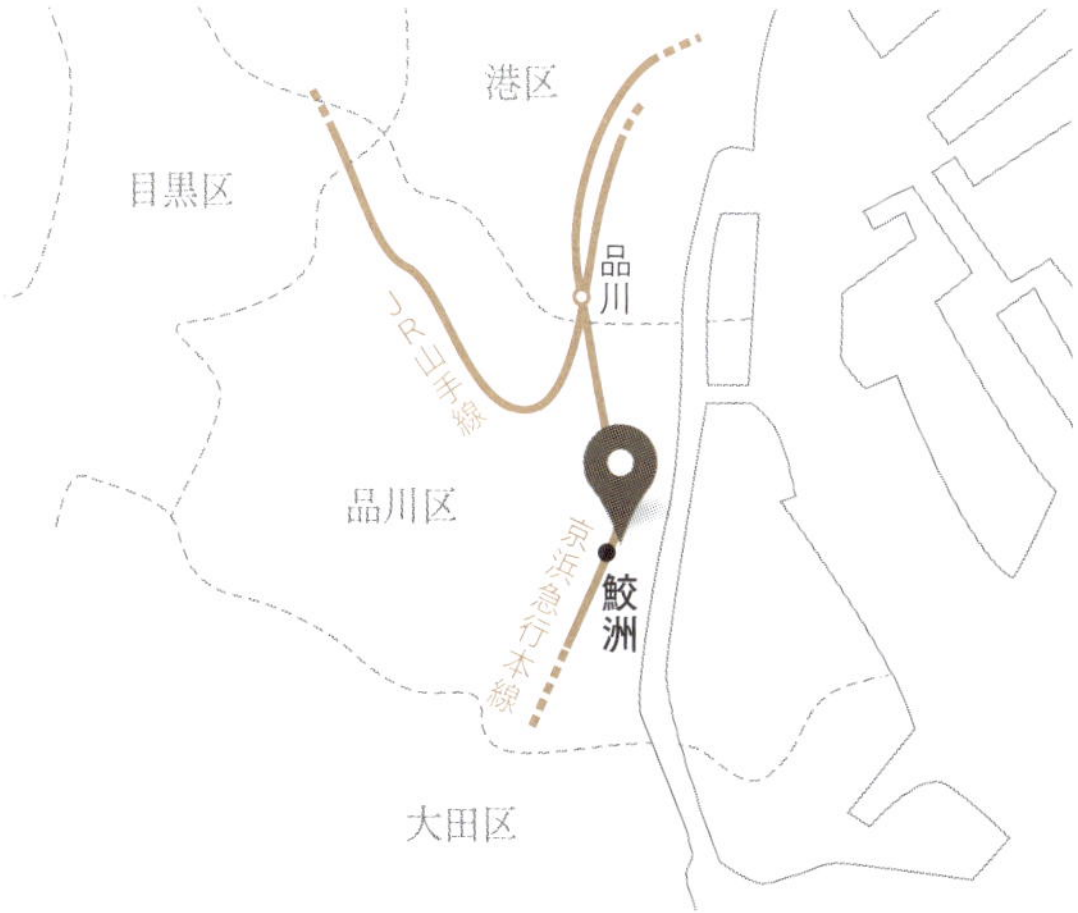

絶品の刺身と日本酒に酔いしれる

夕方5時過ぎの京浜急行品川駅は、ただごとじゃない混雑ぶりだ。ホームに色分けされた「快特」「特急」などのレーンごとにズラーッと人が並び、電車が来るたび「それ――!」と乗り込んでいく。獲物を見つけたライオンの群れのようで、なんだか怖い。

そんなホームに、黒いレーンで仕切られた普通列車を待つ行列もあるが、人は少ない。6両編成の短い普通列車が来て、乗る。車内にほどよく人はいるが、ストレスを感じるほどの混み方でもない。列車は出発、と思ったら加速する間もなく次の北品川駅に着く。続いて新馬場(しんばんば)、青物横丁と細かく停まる。そして、

「次は〜鮫洲〜。快特列車の通過待ち合わせで3分停車しますー」

アナウンスが流れ、列車は**鮫洲駅**へ。降りる。

改札を抜け外に出ると、ロータリーなど特にない狭い駅前にパチンコ屋があり、珍しい「代書屋」が目に留まる。看板に並ぶ「三年目の更新」「再交付」「原付」などの文字。鮫洲は運転免許試験場がある、免許更新の街だ。そして品川駅の大混雑が嘘のように、辺りはノンビリした雰囲気。道行く人が「こんばんは〜」と声をかけ合い、通り過ぎていく。

駅から数分で、旧東海道へ。店の明かりがポツポツと灯り、その中に……よかった、開いている。居酒屋「まつり」の暖簾をくぐる。

「いらっしゃいませー」

カウンターの奥で、店主の西村政樹さんが料理に追われている。彼はいわゆる「威勢のよい大将」ではなく、むしろ静かで控えめな印象。目が合うと、ニコッと笑う。

カウンター席に座り、卓上のクリアファイルに挟まれた「本日のおすすめ」に目を走らせる。刺身メニューがズラリ。活〆天然黒タイ（千葉県）、活〆天然ヒラメ（青森県）、活〆天然石カレイ（宮城県）などなど。今日は8種2カン盛りの「刺身得々盛合せ」にしようか。酒は「限定酒入荷のみの売切り酒」の中から、まず金沢は福光屋酒造の極寒純米辛口「加賀鳶」。

「こちら加賀鳶ですー」

奥さんがマスの中のコップに注ぐ「もっきり」で、コップに注いでくれる。トクトクトク。澄みきった純米酒が、コップの中でキラキラと輝く。やはり静かな印象の奥さんだが、マスこぼしの技は半端じゃない。もう一滴注いだらこぼれる、その寸前、表面張力ギリギリまで注いでくれる。マスの半分くらいしか注いでくれない、ケチくさい店に当たるとテンションも下がるが、ここは絶対そんなことはない。いつも表面張力ギリギリ。

「得々盛合せですー」。来た！　マグロにヒラメ、カレイにスズキ、8種類の刺身がズラリ。最初のひと口はいつもタコから。濃厚な刺身しょう油に浸け、ワサビを乗せパクリ。

——ああ、美味い。ほかの店ではタコをそんなに美味いと思わないが、ここのタコは皮を剥ぎ吸盤も取り、2ミリ四方ほどの格子に包丁を入れていて「これがタコ？」と驚くほど柔らかい。

そして噛むほどに、本来の甘味が立つ。ここのタコは本当に美味い。

キリリと冷えた加賀鳶を、一口グビリ。軽快な辛口の味わいが、五臓六腑の隅々まで染み込んでいく。すぐ飲み干してしまい2杯目は、長野県の信州銘醸酒造の夏生純米吟醸おりがらみ「鼎（かなえ）」。

「かなえですー」

トクトク。再び奥さんが表面張力ギリギリまで注いでくれて、慌てて「おっとっと」とコップに口をつけた。

本当にいい店は、さりげない

以前、新聞のウェブサイトで、東京の小さな駅前の散策紀行を連載していて、鮫洲を訪ねたのが最初だった。シメに一杯飲もうと思い、何も考えずに入ったのが「まつり」。その刺身の美味さに驚き、以来通って5年になる。

まつり｜東京都品川区東大井1-3-26
営業 11時半～13時半、17時～22時LO　日祝休ほか不定休あり
京浜急行本線鮫洲駅から徒歩3分
※料理と酒の内容は取材時のもので、仕入れによりどんどん変わります。

店主の政樹さんは魚を知り尽くし、仕入れの目利きが素晴らしい。しかも魚ごとの個性も熟知し、刺身も焼きも煮物も揚げ物も、美味さを最大限に引き出し調理してくれる。

政樹さんは京都の老舗で板前をしていて、その後大手スーパーの鮮魚担当などを経て、奥さんの地元である鮫洲で店を構えたとか。これほどの腕前なら、もっと大きな街で店を……と思う一方で、店の素朴な雰囲気は、鮫洲のような小さな街に合っているとも思う。

刺身を堪能して、続く第二ラウンドへ。再び「本日のおすすめ」に目を走らせるが、ここは何を頼んでも美味いので、なかなか決められない。

穴子の天ぷらにしようか。それとも自家製銀タラ西京焼きにしようか。箸休めの小鉢はサクランボの塩漬け（酒に合う！）と玉ネギの紫蘇漬け（普段は玉ネギを食べないのに、ここでは食べる）、そして枝豆も。ここは枝豆も、いいものでなければ仕入れない。だから毎回あるとは限らない。枝豆さえも、ここは美味い。

この日は真夏で体力を消耗していたので、二品目は秋田産活どぜう極小サイズの丸煮鍋をお願いした。ちなみにおすすめメニューは、仕入れのたびにどんどん変わる。今日あるメニューが来週あるとは限らないので、悔いの残らないよう吟味して選びたい。そうして次回来るとまた、ここでしか食べられない極上の料理が待っている。少し間が空くと「そろそろ行かなきゃ」と思い、また行く。そんな感じで5年通っている。

お客がどんどん来る。仕事を終えて家に帰る前に、刺身と日本酒で軽く一杯、そんな感じの地元男性客が多い。あるとき土曜日に行ったら、地元の野球チームのオジさんたちで満杯だったことも。皆さんここの刺身が、わざわざヨソから食べにくるほど美味いことに……気づいていないだろうな。店の構えも雰囲気も、そして政樹さんご夫婦も「ほうら、この店は美味しいでしょう！」みたいな感じがまったくないし。極上の刺身ほか料理と、気の利いた酒を、あくまでもさりげなく。こんな店はありそうで、なかなかない。

ちなみにここはランチも美味くて、1日限定10食の海鮮丼（500円！）が美味い。夜の刺身がこれだけ美味いのだから、美味くないはずがない。極上のワンコイン海鮮丼は、正午前にはなくなる人気の一品。行くなら早めの時間をすすめたい。

思い切って、扉を開けてみる

東京にはまさに星の数ほど居酒屋がある。でも普段よく行く新宿に池袋、上野などの繁華街は、あまりにもチェーンの巨大居酒屋ばかりが多くなった。

そろいの作務衣など「ユニフォーム」を来た店員が、全員同じマニュアルに従いロボットのように接客する。ご注文は卓上の、タッチパネルでお願いします。カラー印刷された巨大なメニューをめくると「極上の一品」だの「至福の手作り品」だの、華やかな料理写真がズラリ。でも注文してみると、それほど華やかではなく、美味いとも思えない。

そもそも料理は誰が作っているのか。ここで作っているのか……などと疑念を抱き始めると際限がない。まあ大人数で飲みに行くとなると、大きな街の大きな店が便利なので、ついついそんな店にも行ってしまうけど。

でもおとなたるもの、ひとりで飲むときはせめて、料理人の顔が見える小さな店で、じっくりと料理と酒を味わいたい。店主と時おり言葉も交わし、地元の人が集まって雰囲気も温くて……そんな店を探すきっかけのひとつとして、小さな駅前を歩いてみてほしい。普通列車しか停まらないような、今まで降りたことのない、小さな駅前を。

その駅前に、店の数自体は少ないかもしれない。でも小さな個人店の割合が高いので、雰囲気のよさそうな店は意外と見つけやすい。

扉を開けるのに、少し勇気は要るかもしれない。小さな街の居酒屋は、地元の常連だけで閉じている場合も多く、ヨソ者が飛び込みで入っても居心地悪いことがある。そんな店に入ってしまったら、1杯だけ飲んですぐに出て、次を探せばいい。その後も通いたくなる店が、そう簡単に見つかるはずもない。「とっておきの行きつけ」を見つけるためには少々の苦労も必要である。

特に壮年期に差しかかり、人生後半戦に入ったら、つまらない居酒屋で無駄な時間を過ごすことは避けたい。一晩ごとの酒と料理を大切に味わい、おとなの夜を楽しむために、小さな駅前の居酒屋めぐりに出かけてみよう。

推奨する
本計画の類例

【京浜急行北品川駅前「十三屋」】

京急沿線でもう１軒。北品川駅は小さくて乗降客も少ないが、駅前に延びる旧東海道には良さげな店が並ぶ。中でも横丁に立つ「十三屋」は、年季の入った建物が入店をそそる。青森出身のご主人が作る料理は早い、安い、そして面白い！　時事ネタを取り入れたメニューがそろい、本書の取材で行ったときは「パワハラ炒め」「セクハラ炒め」「不倫煮込み」などがズラリ。セクハラ炒めを食べたが、内容は教えられない。シメは青森のご当地グルメ、黒石つゆ焼きそばか、味噌カレー牛乳ラーメンを。ユニークな中に味わいがある店である。

東京都品川区北品川 1-25-9
営業：11 時半～ 14 時、17 時～ 23 時ごろ　日祝休
京浜急行本線北品川駅から徒歩5分

珍名料理で一杯飲もう

【つくばエクスプレス青井駅前「やまびこ」】

都民でも「青井駅」と言われて「ああ、あそこか」とわかる人は少ないだろう。北千住の１駅隣、足立区の青井駅前の「兵和（平和じゃない）通り商店街」で赤提灯を灯すのが「やまびこ」。一見どうということのない小さな店だが、女性店主が作る料理はどれも家庭的で、しみじみと美味い。隣席の地元客となんとなく話も弾み、こういう何気ない居酒屋も少なくなったなあと思ったりする。カウンター席に座り、女将さんと二言三言かわし、心づくしの肴をつまむ。そんなさりげない１軒を、おとななら行きつけに加えてみたい。

東京都足立区青井 4-24-18
営業：17 時～ 23 時半（23 時LO）　木曜休
つくばエクスプレス線青井駅から徒歩3分

取材時に食べた煮物

行動計画

No. 18

外国っぽい街で海外旅行気分を味わう

異文化交流を五感で楽しんでみる

実例　三河島（荒川区東日暮里）

予算　★★

済州島の「故郷の味」を探して

「ナントカカントカハムニダ！」「ナントカハムニダ！」（全部そう聞こえる）

ＪＲ常磐線**三河島駅**を出た瞬間、耳に飛び込む韓国語。しかも大声。目の前で女性がふたり、凄まじい大声で、わめき合っている。ケンカか？　いや、ふたりは時々笑っている。呆気にとられて見ていると――。

ビューーン！　女性たちと僕の間、50センチほどの隙間、それも歩道を自転車が猛スピードで走り抜ける！　乗っていたのは若い女子で、超ミニのパンツルックに化粧キメキメ。韓流女優のようにも見えるが、自転車の暴走ぶりが凄い。彼女は歩道の人通りの隙間を、まったく減速せずにビューンと走り去った。危ねーなー。

と思ったら、また歩道を次の自転車がビューーン！　さらに続けて5台ビューーン！　「ナントカハムニダ！」と怒鳴るような韓国語でしゃべる人が、そこにも、あそこにも。そして焼肉屋、その隣も焼肉屋。

凄い街に来た。さすが東京きってのコリアンタウンだ。

といっても、ここは新宿区大久保ではない。上野から常磐線で2駅、三河島である。

時間と金があれば海外にでも行きたいが、あいにくその両方ともないのが世の常だ。それでもせめて、海外旅行気分だけでも味わいたいなら、外国のような雰囲気の街に出かけてみよう。東京は意外に、そんな街がけっこう多い。中でもオススメが三河島である。

コリアンタウンは大久保が有名だが、韓流ブーム以降はヨン様好き婦人御用達の「つくられた」街になってしまった。一方でブームが起こっても、人が集まらなかったのが三河島だ。実際に降り立ってみて、その理由を実感した。

韓国の雰囲気がかなり濃密で、一見ではそう簡単に溶け込めないのだ。本当にここは東京、そして日本なのか。とりあえず街をぶらり歩いてみた。

歩き出した瞬間、ハングル看板が目に飛び込む。たい焼きの店？　ハングルで書かれた新聞も置かれ、さっそく濃密な気配。メニューはほかにカキ氷もあるようだが、店に入る勇気が出

三河島駅の入口は、目立たない高架下

なくて入口前をウロウロ。すると突然ドアが開いて婦人が出てきた。

「中でカキ氷どうぞー」

コワゴワ中に入ると、テーブルが1卓だけ置かれ、すでに初老の紳士が座っている。

「カキ氷は具沢山にしますか？」と聞かれ「は、はい」と答えると、婦人は巨大ガラス鉢に氷をドガガとかき始めた。その上にバニラアイス、コーンフレーク、ナッツ、ゼリービーンズ、マシュマロ、あんこ……どれだけトッピングするのか⁉

「はーい、どうぞー」

と目の前に出てきたカキ氷の、なんと大きくカラフルで具沢山なこと！　驚きつつもシャクシャク食べていると、紳士が僕の目をじーっと見て、そして言った。

「ココノ（店の）オクサンネ、トテモ、ココロザシノヨイヒトデス」「は、はあ」

戸惑う僕に、婦人はたい焼きも焼いてくれた。韓国でも人気で屋台が並んでいるとか。

「メニューにないけど冷麺も作って、常連さんには出すの。今度アナタにも出しましょうね」って、もう常連になったらしい。

カキ氷は美味かった。店を出る僕にふたりは「アンニョン（さよなら）」と言い、見送ってくれた。東京どころか、日本にいることを忘れそうだ。

路地が延び、韓国食材を売る店がある。その先に焼肉屋と韓国家庭料理の店が、何軒も並んでいる。店名も「済州島」「故郷」などなど本場感がプンプン漂う。

そして、路地奥の焼肉屋の入口に「済州島のチャリフェあります」の貼り紙が。チャリフェ？　ちょうど昼飯の時間なので、入ってみた。チャリフェください〜。

「日本のかたですか？　ちょっと食べにくいかも」。店の人はそう言って、結局チャリフェを出してくれなかった。ちなみにチャリフェは小さいスズメダイの刺身だそうだが、なぜに日本人には食べにくいのか？　とりあえず、カルビとホルモンを注文。

美味かった！　しかし、どうしてもチャリフェを食べてみたくて、夜まで粘りもう1軒入ることにした。

路地に古びたカフェを数軒見つけ、午後はハシゴして時間を過ごす。2軒とも店内は中年〜初老の婦人だらけで、大声の韓国語で「〜ハムニダ！」としゃべり倒していた。皆さんなぜか、

街角の至るところでハングルを見かける

室内なのにサンバイザーをかぶっていた。なぜ？

夜になり、まず焼肉も出す居酒屋に入ってみる。チャリフェありますか？

「ゴメンなさいね、ウチはないの」とママ。でも「ハス向かいの店は、弟がやっています。日本人でも出してくれますよ」というので行ってみた。

「チャリフェください」「はーい」

3軒目でめでたくチャリフェとご対面。骨ごと薄切りにしたスズメダイの刺身を野菜と合わせ、唐辛子のタレで和えた一品。辛くてビールが進む。量が多くて途中で持て余し始めたら、氷水を注いで激辛冷製スープにしてくれた。とにかく初めて食べる料理だ。

チャリフェは済州島の、夏の風物詩だそうだ。三河島は済州島出身の人が多いのだ。

やっとありついたチャリフェ

「外国人の街」になった歴史を知る

大正時代に済州島北部の寒村「高内里」(コネリ)出身の人が、移住したのが始まりだそうだ。彼は日本軍が使うカバンや靴の製造で成功、同郷者を次々に三河島に呼び寄せた。

今でこそ観光人気の高い済州島だが、風が強く、地面は石だらけで農業にも向かず、漁業で細々と暮らすしかなかったそうだ。そのため島民は積極的に出稼ぎに出て、海外に働きに行く人も多かった。

また昭和初期は、その後品川に移る食肉市場が三ノ輪~千住界隈にあり、ホルモンなどの食材を仕入れやすかった。戦前の日本にはなじみが薄い、ホルモン焼肉を出す店もできて、移住してきた人々は郷里の味で力を蓄えカバンと靴づくりに励んだという。

海を隔てて同郷の人々が集まり、支え合って暮らしてきた街。ある意味「家族」とも言えるコミュニティが街に存在し、それが一種閉じた雰囲気も醸して、大久保にはない濃密さを漂わせているのだろう。

数軒回る中で、こんな話も。

「2000年ごろは、入国管理局の取締りが厳しくて、この街の韓国人もずいぶん減ったよ」

「当時は(都知事が)イシハラさんで。彼は朝鮮半島人が嫌いだから」

当時は不法滞在者が多く、そのための取締り強化でもあったようだが、異国で暮らしていくのは大変だと感じた。「異国情緒を感じて、外国気分で街歩き」などと言って訪ねるだけなら、気楽でいいけれど。

かつての事故も知りつつ歩く

「三河島」と聞けば、ある年齢以上の人は「三河島事故」を思い出すだろう。

昭和37（1962）年5月3日の夜、国鉄三河島駅付近で3本の列車が二重衝突事故を起こし、死者160名を出す大惨事となった。避難のため線路を歩いていた人の群れに、3本目の列車が突っ込む悲惨な事故は、当時の人々の脳裏にトラウマとなって焼きついた。「三河島」という地名自体が忌まわしい事故を想起させるためか、駅周辺地名は「荒川区東日暮里」ほかに変わってしまった。「三河島」は今では、JRと京成線（新三河島）の駅名に残るだけである。

駅近くに延びる路地に、韓国物産店と韓国料理店がひしめく

それでも事故の残像は薄れ、焼肉の香り漂う街は今日も、たくましく生きている。戦前戦後を通じて、波乱万丈な月日を生き延びたコリアンタウンは、訪ねる者を濃密な異国へと誘いこんでやまない。

最近は「インバウンド」という言葉も頻繁に耳にするようになり、都内のどこに行っても外国人を見かけるが、長年かけて熟成された外国人街は格別な雰囲気がある。ほかには後出のリトル・インディア西葛西に、リトル・チャイナ西川口。遠出を楽しむなら群馬県のブラジル・タウン、大泉町まで足を延ばすのもいいだろう。街角のいたるところにポルトガル語の看板があふれ、道行くブラジル人は陽気で人なつっこくて、会話がはずむこともしばしば。何かにつけて抱き合って笑い合う彼らを横目に、シュラスコほかボリュームたっぷりのブラジル料理を食べれば、異国気分も盛り上がる。東武線の特急を利用すれば、意外に近い。そんなわけで、まずは出かけて歩いて本場の味の料理を食べて、気軽に海外旅行気分を楽しんでみよう。

もちろんその先で「異文化交流」「国際感覚を養う」などの収穫があればいいが、国際化が苦手な僕ら日本人は、最初から無理はしないほうがいい。思い立ったら気軽に（気分だけ）海外へ。さっそく今晩あたり、焼肉でも食べに出かけてみてはどうだろうか。

推奨する本計画の類例

【西葛西（江戸川区）】

日本には約３万人のインド人が住んでいて、そのうち約１万人が東京都にいる。そのほぼ３割、3000人近くが西葛西に住んでいるというから驚きだ。もともと1970年代に貿易業のためインドから移住した家族がいたが、いわゆる「2000年問題」のタイミングで、IT大国インドから大勢の人が東京にやって来た。そして部屋探しなどのツテを頼って西葛西へ。大手町のオフィス街に東西線１本で行けるアクセスの良さも手伝い、インド人が西葛西に住むようになったそうだ。外国人街というと治安が心配だが、西葛西のインド人はそんなわけでエリートが大半だから、その辺の心配もない。彼らの胃袋を満たすインド料理の店も多いので、まずは本場の味を堪能しに出かけてみよう。

【西川口（埼玉県川口市）】

埼玉県の西川口といえば、違法風俗の街！　夜ともなれば、デリヘルやソープの看板が怪しく灯り……というのは、実はもう過去の話だ。今でも風俗店は残ってはいるが、それよりも目につくのが中華料理店。街角に極彩色の派手な中国語看板が連なり、チャイナタウンと呼びたい異国情緒が漂っている。2010年ごろから、川口市はなぜか中国人が激増し、今では市の人口の３パーセント以上、２万人近くが暮らしている。その多くが西川口駅に近い横曽根地区、青木地区になぜか集中。知り合いを頼ってどんどん増えたのだろうが、彼ら特有のやかましさに閉口する一方で、本格中華の店が増えたのは嬉しいかも。夜だけ営業の店が多いので、日暮れとともに繰り出して、食べ歩きを楽しみたい。

行動計画

No. 19

上級者向き 荒業編

ご当地グルメで昼飯に舌つづみを打つ

その土地で育まれた歴史とともに、郷土の味を食す

実例	駒ヶ根ソースかつ丼（長野県駒ヶ根市）
予算	★★★★

デカくて美味くて、しかも親切

美味くてボリュームのあるかつ丼を食べたくなり、新宿に向かった。といっても目指す店は、新宿にあるわけじゃない。

列車とバス、どちらで行こうか。時刻を調べると、どちらでも昼前には着く。列車にしよう。新宿駅から8時ちょうどのあずさ2号、じゃなくて特急「スーパーあずさ5号」に乗り、一路西へ。長野県の岡谷で乗り換え、JR飯田線で向かう先は南信州の**駒ヶ根市！** 中央アルプスのふもとに広がる風光明媚な街は、ご当地グルメのソースかつ丼が人気なのだ。

かつ丼のために、わざわざ長野まで行くのかって？ スケジュール上は余裕で日帰り可能だし、何といっても駒ヶ根のソースかつ丼は美味い。わざわざ行く価値はある。

初めて食べたとき、その美味さに驚いた。まず何よりも、肉が大きくて分厚い。それでいて、じっくり揚げたカツは柔らかく、噛むと肉汁が飛び散るほどジューシーだ。大きな丼にご飯をたっぷり盛った上に、千切りキャベツを敷き詰め、その上に秘伝の甘辛ソースをくぐらせた大きなトンカツをドン！ 店によってはカツを並べきれなくて、ピラミッドのように高く重ねていたりする。その上に丼のフタが一応乗っているけど、丼のご飯もトンカツもまったく隠しきれない。

果たしてフタを乗せる意味があるのか？ と思ったら。

「フタを受け皿代わりにお使いください」

JR 飯田線駒ヶ根駅。ローカル駅が多い飯田線は、鉄道ファンの人気が高い路線でもある

訪ねた1軒で親切に教えてくれた。県外でも有名な、支店を数軒持つ大型店だったが、接客がぞんざいなこともなく親切だった。

信州人の気質だろうか、数軒回った店の人はみな親切だった。これも駒ヶ根ソースかつ丼を勧める理由のひとつ。味と雰囲気の両方がそろってこそ、美味いのである。

さて駒ヶ根駅に着いた。ソースかつ丼を出す店は30軒以上あるが、どこにしようか。バスとロープウエイで中央アルプスの千畳敷まで登り、山頂のホテルで食べるのも一案だが、時刻は間もなく12時で腹ペコだ。千畳敷まで時間がかかるので、空腹を我慢できない。

親切な大型店も駅から遠いので、駅前商店街で見つけた庶民的な感じの食堂へ。一見ヤクザっぽいが笑顔のご主人に迎えられ、そして出てきたかつ丼のデカいこと！ 肉厚トンカツが3段、いや4段に重ねられ、もはやかつ丼タワー！

口を大きく開けてガブリ！　肉汁が口の中いっぱいに飛び散り、そのあとにジンワリと豚肉の旨味が広がる。キャベツで口の中をサッパリさせたら、トンカツをもう一口。甘辛ソースの味がご飯とキャベツとよく合って、箸が止まらない。

モリモリ食べるこちらの様子を、ご主人がニコニコして眺めている。わざわざ食べにきた甲斐があった。ご飯の1粒、千切りキャベツの1本も残すことなく平らげて外に出ると――青空の下、中央アルプスの雄姿がそびえていた。

関東近辺はご当地グルメの宝庫

駒ヶ根ソースかつ丼の発祥は定かでなく、昭和の初めごろから食べ継がれてきた、いや大正時代からと説もさまざま。今では街の食堂に大型チェーン店、ホテルのレストランなど市内30軒以上の店で提供している。駒ヶ根では「かつ丼」といえばソースかつ丼を指し、玉子でとじたかつ丼は「煮かつ丼」というそうだ。もともと普通に「かつ丼」として食べていたものが、ご当地グルメ人気で「駒ヶ根ソースかつ丼」という名がついて、逆に地元の人は戸惑っているとか。

全国にはご当地ソースかつ丼がいろいろある。福井県のソースかつ丼は、薄い肉を揚げたものをサラッとしたソースにくぐらせ、ご飯にキャベツは乗せない。会津のソースかつ丼は、駒ヶ根と同じタイプで大型肉厚。群馬県桐生のソースかつ丼は、肉は大きすぎず、衣のサクサク具合を活かして……と所変わればソースかつ丼もいろいろ。「ウチの街が発祥だ」「いやウチだ」と言う人もいるようだが、どれも美味しいと思うので、食欲と好みに応じて選べばいいだろう。

そして東京から日帰りで、しかも旅行気分を味わいつつ食べに行けるご当地グルメは、けっこう多い。同じ南信州なら伊那市の羊入り焼きそば「ローメン」も一見ならぬ一食の価値あり。ま

分厚いトンカツをピラミッド状に重ね、フタが閉まらない!

た将来リニアが停車する飯田市は、知る人ぞ知る「人口あたりの焼肉店が日本一多い」街だ。ホルモン中心の飯田焼肉は野性味にあふれ、これまた日帰りでも食べに行きたい。

ほかにB－1グランプリの上位常連、静岡県富士宮市の「富士宮やきそば」に、すっかり有名になった宇都宮の餃子。埼玉県東松山市の、味噌で食べる「東松山やきとり」に、神奈川県厚木市の「厚木シロコロホルモン」。埼玉県行田市の「ゼリーフライ」に千葉県内房の「竹岡ラーメン」……よくもこれだけあるものだと感心する。日本人は本当に食事を楽しみ、そして「その地方にしかない」食べ物が好きなのである。

日帰りで行ける近場に、これだけご当地グルメがあるのなら食べに行かない手はない。気軽に出かけてみよう。ちなみに行動計画NO16で紹介した秩父にも、わらじカツ丼という名物が

ローメンのスープタイプ。つゆ入り焼きそばと呼びたい不思議な食感

ある。平たくて大きなカツを乗せた丼を食べたあと、コーヒーでくつろぐのもいいかもしれない。
と言いつつ一方で、ここ数年はB－1グランプリ人気も手伝って、ご当地グルメ目当てに人が殺到する街や店も多い。最近はガイドブック片手に群がる外国人もよく見る。おとなの休日の昼飯だから、やはり落ち着いた雰囲気の中で食べたい。以下、全国のご当地グルメを食べ歩いた筆者が、おとなのための店選びのポイントをいくつか紹介しておこう。

ご当地グルメ、店選びの極意

まず一番人気の店に、いきなり入らない。ご当地グルメは必ず「その料理を食べるなら、まずはこの店で」みたいな定番店があるが、人が殺到していることが多く落ち着けない。客が多すぎると接客もぞんざいになるし、食べ終わったら茶を飲むヒマもなく「ハイ次!」と追い立てられることも。また、大量の客をさばくため、アルバイトなどを雇って料理の質が落ち、思ったほど美味しくないこともある。

というわけで定番店は避けつつ、観光協会でグルメマップなどを手に入れて、自分の嗅覚を頼りに店を探したい。発祥の店は人気と歴史に溺れ、天狗になっている場合があるので（全部がそうではないが）、いちおう疑ってかかるべし。九州のある街では、ご当地グルメをめぐり老舗の2軒が「ウチが発祥だ」「いやウチだ」と言い張って、争っていた。おとなたる者、そんな醜いもめ事にかかわって、旅情を邪魔されないようにしたいものである。

またそのご当地グルメが、歴史に裏打ちされたものかどうかも確認しておきたい。最近は街おこしのため、役場や観光協会が無理やり考案したご当地料理も少なくないので、おとなたるものウッカリ手を出さないようにしたい。不味くはないのだろうが、その土地の歴史と一緒に年月を過ごしてきた料理だからこそ、味わいと一緒に旅情を感じるのだ。

急ごしらえのご当地グルメには要注意。ゆるキャラを伴って宣伝している場合は、特に用心が必要である。

そして地元の人が、日常的に食べているものがいい。確かにその街で発祥したのだろうが「今では誰も食べないよ」というご当地料理が、意外に多い。街おこしの一環で、いちおう街の飲食店では出しているものの、注文すると店内が微妙な雰囲気になったり。

富士宮焼きそばは店により個性がある。ミカチャンを添えて本格度アップ？

とにかく観光客よりも、地元の人でにぎわっている店を選ぶのがコツ。その街でタクシーに乗ることがあれば、運転手におすすめの店を聞くのもいいだろう。

世間にはB－1グルメおたくみたいな若者がけっこういて、彼らは店の人にまともにあいさつもできず、出てきた料理をスマホで写真に収めては、ニコリともせず食べて出ていく。そうして撮った写真をSNSにアップして、評論家気取りでどうのこうのと書き立てる。おとなたるもの、そんな輩とは一線を画したいものである。

トンカツ好きならコチラもどうぞ。秩父わらじカツ丼

というわけで、駒ヶ根でソースかつ丼を堪能した。でも日はまだ高い。夜6時過ぎに出れば東京に戻れるので、腹ごなしに街を散策していこう。千畳敷に上ってもいいし、早めに開く居酒屋で一杯やるのもいい。

グルメだけで終わらず、その「ご当地」の街歩きを楽しむのも、おとなの流儀だ。せっかく遠くまで来たのだから、ポッカリ空いたおとなの休日、見知らぬ街の探訪もあわせて満喫していこう。

推奨する本計画の類例

【ローメン】

南信州からもう一品、長野県伊那市のローメンもおすすめしたい。羊（マトン）を使った焼きそばで、まだ食料事情の悪い昭和30年代に誕生した。詳しい発祥の経緯は不明だが、とにかく麺が太いのと、羊をたっぷり入れるので食べ応えあり。ソース焼きそばタイプと、スープに浸かっているタイプの２種類があり、どちらも好みでソースや酢、ニンニクにゴマ油、七味などを加えて自分流に楽しむ。なぜおすすめかというと、発祥の店に行ったら（いい意味で）、まったく発祥の店らしくなくて、気さくだったから。地元の人が週に一度は食べているという根付き感も好印象。駒ヶ根から近いので、朝を抜いて出かけて、ソースかつ丼とハシゴして楽しむのもいい。

【富士宮やきそば】

静岡県富士宮市で古くから食べられてきた焼きそば。ただし「富士宮やきそば」という呼称が付いたのは、ここ20年ほどのことである。市内の製麺会社が作った専用の蒸し麺をソースで味付けして焼き、具にラードを絞ったあとの肉かすを入れ、イワシの削り粉をかける。焼きそば勢が強いB−1グランプリでも、第１回と第２回で連続１位を獲得するなど、頭ひとつ抜けた存在である。美味いのだが人気が出すぎて人が集まり、観光名所には屋外フードコート状態で屋台が並び、少々「おとなのグルメ」感は薄いかも。商店街などの昔ながらの食堂で見つけ、さりげなく食べたい。脇に添える紅ショウガはなぜか、ショッキングピンクの「ミカチャン」という名の商品があり、市内及び周辺のスーパーなどで買える。

行動計画

No.20

上級者向き荒業編

0泊1日の弾丸で行く島への旅

日帰りで「非日常」を思う存分満喫する

実例　伊豆大島

予算　★★★★

まずは島のシンボル、三原山へ

さてポッカリ空いた休日。どこか遠くへ行きたいと、思うことはないだろうか。どこか遠くへ。それも思いきり遠くがいい。日常のすべてを忘れられる、別世界へ。でも所詮1日だけじゃ、そう遠くまでは行けないな……と思っている方にご提案。島へ行ってはどうだろうか。それも船に乗って、海の向こうの島へ！

え、そんなこと？　それができるのだ。

さあ今すぐ竹芝桟橋に行って、船に乗って、**伊豆大島**の旅に出かけよう！

東京の島といえば伊豆七島。その中で本土にいちばん近いのが伊豆大島だ。昔は船便というと深夜発のフェリーしかなかったが、今はジェットフォイルが就航して近くなった。

運航スケジュールは季節により変動するが、ジェットフォイルなら基本日帰りＯＫ。例えば２０１８年10月平日の基本スケジュールなら、竹芝桟橋を午前7時55分に出発し、大島に9時40分着。折り返しは大島14時40分発→竹芝16時25分着。島に5時間たっぷり滞在できて、観光とグルメを楽しめてしまう。繁忙期は船が増便するので、滞在時間を延長することも可能だ。所要片道1時間45分と意外に近いし、最近はインターネットでの船便予約も可能。とにかく思い立ったら、すぐに行けてしまうのである。

竹芝と大島を結ぶジェットフォイルが、高層ビル群のふもとを進む

というわけで首尾よく船に乗り、1時間45分後には大島だ。滞在5時間、何をするべきか。まずは何と言っても大島のシンボル、三原山観光がおすすめだろう。

島の中央にそびえる三原山は、標高758メートルの活火山。火山活動は現在も続いていて、昭和61（1986）年の大噴火を覚えている人もいるはずだ。火口からあふれ出た溶岩流は集落に迫り、島民は長期にわたる島外避難を余儀なくされ、島に大きな爪痕を残した。それでも島の人は三原山を「神の山」と崇め、溶岩流も「御神火」と呼び畏敬の念を抱いている。すべては神様の思し召し──。島のどこにいても、その姿がよく見えて、まさに島と一体化している三原山。この山を見ずに、伊豆大島の旅は始まらない。

船は海の状況により、北の岡田港か西の元

町港のどちらかに着く。どちらに着いても、ほどよいタイミングで、三原山頂口行のバスが出るから便利だ。

「大島では女性を〈お姉さん〉と呼ぶ意味で〈アンコ〉と呼びます」

軽快な観光アナウンスも聞きつつ、バスは坂道をグングン上って山頂口へ着く。ハイキングコースは数本あるが、日帰りで歩くなら、山頂口から内輪山の火口に続く「山頂遊歩道」が歩きやすくておすすめだ。道は舗装され、坂道の傾斜も緩やか。ただし最低限、スニーカーなど運動靴で出かけるようにしたい。

広大な山の裾野で、馬が草を食む光景を眺めつつ、ハイキングは軽快にスタート。なだらかな坂を上り続けていると、途中のある地点を境に、道沿いに黒い石が無数に転がり出す。それは昭和61（1986）年の大噴火であふれ出た、

近寄りがたい威容を放つ大島のシンボル、三原山

溶岩流の残骸。やがて道沿いの大地は黒い石で埋め尽くされ、途中に残る巨大土管風のシェルターが生々しい。

それでも標高が上がるにつれ、眼下に海が広がり出し、眺望が素晴らしい。海を挟んだ向こうには、富士山が大きく見えて、富士山と大島はこんなに近いのかと驚いてしまう。絶景ハイキングは爽快で、数時間前まで都会のビル街にいたことが、嘘のようだ。

約45分歩いて火口の周辺へ。山頂口なら茶屋や売店がそろい食事もできるので、ひと息ついたら折り返して山頂口に戻ってもいい。でも、体力に余裕があればさらに火口の周縁めぐり、通称「お鉢めぐり」にも挑戦したい。

噴火口の周縁を、グルリと周って所要45分。遊歩道と違い、足元の道は舗装されていないので、しっかりした靴が必要だ。間近に覗き込んで眺める大きな火口は大迫力。これほど巨大な火口から噴火が起こり、溶岩が流れ出たかと思うと身震いするが、同時に地球のダイナミックな躍動も感じずにいられない。地球は生きている……都会生活では考えもしない感覚を、きっと味わえることだろう。

お鉢めぐり、茶店での食事や休憩、買い物も含め、三原山観光の所要は最低3時間は見ておきたい。くれぐれも戻りの船に乗り遅れないように。ちなみに食事をとるなら、大島名物の明日葉を、やはり名物の椿油で揚げた天ぷらの天丼がおすすめだ。

グルメに温泉、波浮の港散策など楽しみいろいろ

さて、三原山観光を終えても、まだ時間はある。元町か岡田に戻って島グルメを楽しむなら「くさや」に挑戦しよう。大島の「くさや」の香りは、伊豆七島の中では強烈な部類に入るが、濃厚な香りと魚の旨味が混ざり合いクセになる。左党なら島の焼酎と一緒に味わうのもいい。ほかに島で獲れた新鮮な魚で作る寿司も味わいたい。

ノンビリ過ごしたい人には温泉がおすすめ。火山列島である伊豆諸島は、すべての島に温泉が湧いている。噴火の脅威と引き換えに、火山は島に温泉の恵みを与えているわけだ。

大島では元町にある「御神火温泉」が、施設も整い利用しやすい。地元の利用者も多く、温泉街の共同湯のような気さくな雰囲気も居心地よくて、リラックスできるだろう。

また同じ元町の「浜の湯」は、海に面した露天風呂があり、眺望は最高！　露天から見る、海に沈む夕日が素晴らしいのだが、日帰りだとタイミングが合わないのが少々残念かも。これまた

くさや。これを食べずに大島は語れない？

波浮の路地裏で『伊豆の踊子』の世界にタイムスリップ

気持ちよすぎて、戻りの船に乗り遅れないよう注意したい。

昔ながらの集落風景を散歩したい人は、少し遠出して南の波浮港へ行ってみよう。海に面した斜面にレトロな家がひしめく中、急坂の小道をそぞろ歩けば、数十年分の時間を遡った気分になる。この場所を愛した文人も多いそうで、道ばた点在する文学碑をたどりながら、文学散歩を楽しむのもいい。

急坂の途中に立つ、ひなびた風情の「旧港屋旅館」は、川端康成の『伊豆の踊子』の主人公・薫のモデルになった少女たみが、お座敷がかかると踊りを披露した場所のひとつだとか。木造3階建ての建物は展示館になっていて、明治大正の波浮の暮らしを伝える貴重な展示を見られる。中でも等身大の人形を配した、リアルな宴会の再現展示は一見の価値あり。波浮に行ったらぜひ立ち寄りたい。

一方で、島の大噴火の歴史を「学ぶ」観光をしたい人は、元町にある火山博物館に行ってみよう。昭和61（1986）年の大噴火が起こるまでの不穏な予兆、そして大噴火後に島民一斉避難が行われるまでの緊迫を、分刻みの時系列に沿って写真と共に丁寧に展示している。噴火の恐ろしさに震えると共に、それでも「島に暮らす」ことの意味を、深く考えるきっかけになるだろう。

ほか晩冬から初春にかけて椿の花を愛でたり、「バームクーヘン」と呼ばれる大迫力の地層断面を見に行ったりするのもいい。とにかく伊豆大島は見どころ満載で、とても5時間では周りきれない。だが周り残した場所があれば、また来て見に行けばいい。なにしろ本土から、2時間かからずに着くのだから。

地層断面は圧巻にして神秘的。地質の成り立ちを目で見て実感できる

２０１３年10月11日、島では台風の影響で大規模な土石流が発生し、多くの人が犠牲になった。元町を中心に家屋流出や損壊の被害も出て、実は今（２０１８年8月）も復興の途中である。

全国各地で災害が多発するため、大島の災害は忘れられがちだが、旅に行くことも復興の助けになる。悲惨な災害にめげず、島人はみな明るくて、旅人を笑顔で迎えてくれる。ぜひもっと大島に出かけて、旅を楽しんでほしい。

島の旅は、陸地でつながった場所に出かける旅とは、一味違った感慨がある。四方を海に囲まれた島は、本土と隔絶された別世界だ。時間の流れ方を筆頭に、都会とさまざまなリズムが違い、時には面食らうこともある。だがこれもまた日本なのだ。

僕らの知らない「日本」が、海を隔てて浮かぶ島にある。閉じた異世界であり、小宇宙である島の時間を束の間でも味わって「日本もいろいろある」ことを知り、視野や価値観の枠を広げてほしい。

難しく考えることもない。島のゆったりした時間の流れに身を任せ、目の前の海で獲れた魚を地酒と一緒に味わい、楽しめばそれでいい。

思い立ったら、ちょっとそこの島へ。きっと極上の休日を過ごせることだろう。

推奨する本計画の類例

【八丈島】

伊豆諸島の南部、大島の遥か南にある八丈島も、実は気合いを入れれば日帰りで行けてしまう。本土からフェリーだと、さすがに片道10時間以上かかるが、飛行機なら１時間足らず。羽田―八丈島間をＡＮＡが基本１日３往復、１便で行き３便で帰るならたっぷり滞在できるのだ。楽しみ方もいろいろだが、おすすめは温泉めぐり。森の中の「裏見ヶ滝温泉」に、海を一望する「末吉温泉みはらしの湯」など、島内各地に野趣あふれる温泉が点在し秘湯気分を堪能できる。また八丈植物公園に行って、懐かしい「キョン」を見るのもいい。そして八丈島は、伊豆諸島の焼酎発祥の地。2018年８月現在４軒の蔵元があり、芋と麦のブレンド焼酎など珍しい一品もあり。酒好きなら昼の島酒も、ぜひ楽しみたい。

【城ヶ島】

いきなり日帰り伊豆諸島は抵抗があるという人は、もっと手軽に三浦半島の目と鼻の先に浮かぶ城ヶ島へ。京浜急行の終点、三崎口駅からバスに乗れば、30分で着いてしまう。せっかく島に行くなら、もっと気分を出したいという人は、島の手前で降りて渡船で行くのもおすすめだ。そして島に着いたら何をするか？　三崎といえば何をおいても、マグロを食べなきゃ始まらない。島内にはそれはもう何軒ものマグロ食堂があり、各店ともメニューに趣向を凝らして目移りしてしまう。絶品マグロに舌つづみを打ったあとは、軽く島の散策へ。特に南岸沿いは「馬の背洞門」など奇岩風景が連続し、時期によってはウミウの飛来も見られて、島旅気分も盛り上がる。思い立ったら気軽に電車とバスで、島へ出かけてみよう。

あとがき　それぞれ広がるおとなの「ひとり休日」の世界

「いつもありがとうございます」

鬼子母神前の寿司屋を出ると、外は暗くなっていた。ホロ酔い加減で、都電の駅に向かう。

駅前散策で立ち寄ったのがきっかけで、この店は行きつけになった。ほかに三河島でもいい焼肉屋を見つけ、最近は訪ねると注文していないナムルを「サービスです」と置いてくれる。

神田川沿いを歩いたら昔の曲を歌いたくなり、カラオケに行く回数が増えた。「下山事件」について『日本の黒い霧』を読んで松本清張ワールドにはまり『西郷札』『張込み』ほか遅ればせながら松本作品を読み始め……「ひとり休日」がきっかけで世界が広がっている。我ながら驚きだ。

本書ではポッカリ空いた休日を過ごす20の方法と実踏例を紹介した。縁あってご一読いただいた方は、その後追いにとどまらず、自分だけの「ひとり休日」の世界をどんどん広げてほしい。今や人生100年時代、子育てほか人生の大仕事を終えたあと、実は膨大な自由時間が待っている。より豊かで粋な時間を過ごすために、本書が役立てば幸いである。

日が暮れてきた。鮫洲の「まつり」に、美味いサンマでも食べにいこうか。今日の「限定売り切り酒」は、どんな銘柄がそろっているだろうか。

下駄をつっかけるには寒い季節になったが――夕空に誘われ、僕はブラリと街を歩き出した。

２０１８年10月　カベルナリア吉田

カベルナリア吉田（かべるなりあ・よしだ）
1965年北海道生まれ。早稲田大学卒業後、読売新聞社、女性雑誌『SAY』編集、情報雑誌『オズマガジン』増刊編集長などを経て、2002年よりフリー。沖縄と島を中心に、車を使わず自分の足で歩く「実踏の旅」にこだわり、全国を周って紀行文を執筆。趣味はバイオリン、レスリング、料理（カレー、シチューほか洋風煮込み）。175cm×85kg、乙女座O型。著書に『突撃！島酒場』『絶海の孤島 増補改訂版』（ともにイカロス出版）、『何度行っても変わらない沖縄』（林檎プロモーション）、『狙われた島』（アルファベータブックス）などがある。

おとなの「ひとり休日」行動計画
首都圏日帰り版
2018年11月15日　第1版第1刷発行

著　者　カベルナリア吉田
発行者　玉越直人
発行所　WAVE出版
〒102-0074　東京都千代田区九段南3-9-12
TEL 03-3261-3713　FAX 03-3261-3823
振替　00100-7-366376
E-mail info@wave-publishers.co.jp
http://www.wave-publishers.co.jp

印刷・製本　中央精版印刷

NDC 914 191p 19cm
ISBN 978-4-86621-175-6